Quelques Vérités

Quelques Vérités :

VIVE DIEU !...

... ET TENONS BON !

PARIS

IMPRIMERIE DE J. DUMOULIN

5, rue des Grands-Augustins, 5

RÉMY BOISSAY

Quelques « Vérités »

SOUVENIRS...

EXTRAITS...

PARIS, RETAUX
Libraire-Éditeur

TABLE DES MATIÈRES

QUELQUES « VÉRITÉS »

26 MAI 1901

« SHAMROCK[1] »

(L'ACCIDENT OU ...)

— Le Roi boit !...

Ils m'ont ainsi nommé, ces pirates, et leur génie s'est appliqué à faire de moi une « bête de course » ; il leur faut la vitesse, même pour leurs excursions de plaisir. Ils ont su me couvrir de voilure, et fine et déliée est ma carène, solide aussi, autant qu'élégante. Ils m'ont rendu obéissant, un beau yacht, un jouet de haut luxe ; je ne dois qu'effleurer la lame, courir à la pointe des vagues écumeuses et devancer le vent, les ailes déployées, toute la mâture frémissante.

Vienne la tempête, je sourirai, et sa force brutale doublera mon habileté gracieuse. Vous pouvez vous confier à moi, car grâce à moi le

---

1. C'est le nom du bateau de plaisance, à bord duquel Édouard VII vient de courir un si grand danger.

plus audacieux corsaire pourrait réaliser un rêve de rapide conquête. Moins ambitieux, mais autant utile, mon rôle sera encore de raser les côtes ennemies et d'y découvrir l'endroit propice pour l'invasion cachée. Je suis l'espion maritime, dont on ne se défie pas assez et qui sait cacher sous d'élégants dehors tous ses réels services. On m'accueillera, on me fera presque fête, et pratiquement et traîtreusement j'utiliserai cette confiance naïve. Tel est l'instrument qu'ils ont établi et sa fonction possible.

Pour se rendre compte si tout a été bien réalisé dans cette pensée secrète, le chef de ce peuple de forbans a voulu monter à bord comme pour un simple jeu nautique et juger de ce que j'étais capable de donner sous une direction expérimentée. On m'a orné pour la circonstance, décoré avec soin, couvert de joyeux drapeaux et de brillants pavillons, et j'ai été contraint de déployer tous mes moyens. Pendant quelques heures, grisé moi-même par la course et le bonheur de vivre cette vie rapide, j'ai évolué docilement avec des mouvements puissants et souples tout à la fois, tandis que, émerveillés de ma sûreté et de ma sveltesse audacieuse, applaudissaient autour de nous les marins

habiles, accourus pour cette joute d'épreuve.
Chacun se félicitait et ne tarissait pas d'éloges
pour les agents de la manœuvre et pour les fins
constructeurs de cette « merveilleuse barque »,
et celui qui, avec son immense flotte de vais-
seaux, encombre les mers du monde, déclara
que je pouvais avec certitude servir à ma façon
et augmenter encore la puissance de l'empire
britannique.

Je me rappelais alors ce que j'avais vu dans
ces ports et dans ces mers depuis de longs mois :
le cortège funèbre de cette reine, dont le long
règne fut rempli par les guerres ; puis, tous
ces déploiements de force meurtrière, tous ces
appareils de combat, ces instruments de mort
et de conquête injuste, tous ces noirs navires
chargés de canons, gorgés de soldats hurlants.
Allaient-ils donc dernièrement repousser un
avide envahisseur ? Courraient-ils venger avec
raison l'honneur de leur patrie ?... J'ai entendu
longtemps leur cris de joie à la pensée du bu-
tin facile. Où se ruaient toutes ces masses armées, qui semblaient commander à la mer de
leur faire place ? Ils allaient étrangler, à vingt-
cinq contre un, quelques libres paysans assez
malheureux pour avoir un peu d'or sous l'her-
be de leurs prairies ; ils allaient, en tuant et en

brûlant, assurer la réussite des opérations financières engagées par l'habileté canaille de
quelques-uns des plus hauts citoyens. Telle
était la raison de cette expédition, voilà pourquoi ils avaient armé leurs bâtiments et déplacé
leurs troupes, voilà à quoi servent « toutes leurs
barques ». Tout ce qui domine le flot, échappe
au vent et rit à la tempête, transportera docilement leurs multiples agents de mort. Faut-il
toujours que de telles forces soient complices
de leurs vols séculaires ?

Or, le vent, qu'ils ont souvent asservi et dé-
fié, sentit gronder ses colères et ses rancunes
passées et commença d'augmenter son souffle
par de courtes rafales, afin de ne pas inquiéter
trop vite les matelots. A sa merci ne tenait-il
pas enfin le maître de ces lourdes machines,
qui trop longtemps se sont ri de l'action des
ouragans ? La mer, répondant à cet appel de la
tempête, frémit d'indignation et de joie en
même temps. C'était vraiment la défier par une
folle imprudence en se livrant à elle. Allait-elle
toujours oublier la façon dont l'Anglais la traite,
lui qui déclare qu'elle lui appartient? Ces deux
puissances s'unirent « puissamment », et le
maître des flottes comprit bientôt que tout ne

lui obéit pas et que l'heure de la justice dernière allait sonner pour lui... Voyez son épouvante et celle des siens, quoi qu'on puisse dire. A quoi lui sert son orgueil ? Toutes ses œuvres repassent rapides devant lui, lui criant leurs misères et ses actions coupables. Son âme de marchand avide saisit la nécessité de cette échéance. Qui en adoucira la rigueur ? Quels faits, quels gens plaideront pour lui ? Quelles mains vont le secourir dans sa détresse ?

Quant à moi, j'ai voulu seconder le vent, j'ai voulu obéir à cette mer indignée. Résistant donc au gouvernail, trompant toutes les manœuvres, j'ai offert à la trombe furieuse toutes mes larges voiles, fier d'avoir été appelé à accomplir cette sorte de vengeance, qui n'a que trop tardé. Tout s'aide dans ce but supérieur, tout veut y concourir et se hâte pour se prêter aux efforts de la tempête. Mes voiles, mes cordages se déchirent, mes mâts crient et s'abattent, je me couche au ras des vagues, elles m'envahissent..., elles vont m'engloutir... Lui, cependant, a été comme par miracle protégé, et cette sorte de sacrifice sera peut-être jugé inutile, malgré les motifs qui me l'inspiraient. Quelle voix a donc intercédé pour lui ? Quelle humble prière a été assez puissante pour lui faire obtenir grâce ? Peut-être quelque misérable paysanne boer agenouillée sur les ruines de sa ferme, près des cadavres de *tout son monde*, a-t-elle récité l'héroïque oraison du pardon ?...

Par elle, il a été accordé répit à l'empereur anglais...

2 JUILLET 1901.

HURRAH POUR LA FRANCE !

CAUCHEMAR ALLEMAND

— La course Paris-Berlin.

— Hoch ! hoch ! hoch !

— Me voici !.. Attendez, je veux en être. Où donc est mon fusil ? Je l'ai brisé, je me souviens, je n'avais plus de cartouches. Mon fusil... il était tout brûlant. J'en ai tué plus de vingt. Ils étaient braves, c'est certain, et ne reculaient pas, ces barbares. Je suis tombé là... J'ai pu cependant entendre crier : Victoire !... Allons ! Je vais prendre ce sabre de cuirassier. Nous ferons encore d'utile besogne. Vous autres, réveillez-vous comme moi. Debout !... La bataille recommence. Vive l'empereur !

Regardez... voici qu'on en emmène quelques-uns prisonniers. Ce sont des chefs et d'un haut grade. Pourquoi va-t-on au-devant d'eux ? Pourquoi ces cris de joie, ces salutations amicales ? C'est peut-être pour les humilier davantage. Quels singuliers chants ? on dirait l'hymne national de l'ennemi. J'ai la tête peu solide, j'entends et je vois mal, sans doute.

Mais... nos officiers les accueillent en frères. Veulent-ils simplement reconnaître leur courage ? Est-il nécessaire pour cela de leur rendre tant d'honneurs ? Que vont penser nos morts ; ils seront tentés de crier à la trahison. Nos musiques devraient jouer plus doucement. Camarades, ce n'est qu'un arrêt dans le combat, entonnons : La garde au Rhin !...

J'en étais sûr. Tout va rentrer dans l'ordre. Voici l'étendard impérial, voici nos premiers généraux, voilà l'empereur !... Qui prétendait donc que tout était fini ? Qui pourrait croire à cette sottise ? Il vient donner des ordres pour enfermer ces vaincus, qui osèrent attaquer la grande Allemagne.

Que font-ils ?... Ah ! je veux mourir, je veux mourir ici même ! Je vais ouvrir mes blessures. Elles seront du moins utiles. Ce grand sabre est ridicule... Je voudrais rire. Si j'en avais la force, je crierais, moi aussi : Vive la France !... Voyez donc... l'empereur souriant... leur fait fête ; l'empereur obséquieux... leur parle dans leur langue ; l'empereur fou... les fait saluer par nos drapeaux victorieux...

— Dors, Frantz, dors tranquille. N'empêche pas ton maître de *faire une affaire.*

. . . .

— Hurrah !...

—... Me voici ! Présent, toujours ! Je puis, je veux encore me battre. Il fallait bien qu'il revienne ce jour-là, et je l'attendais. C'était nécessaire et saint.

J'ai eu précédemment comme un mauvais rêve. En ce moment, je ne me trompe plus. Etait-ce en effet possible que nous oubliions nos haines? Le sang ne sèche pas si vite. Nos ennemis eux-mêmes se souviennent de nos tueries. Rien n'avait été terminé entre nous, puisqu'ils restaient toujours debout et qu'ils retenaient encore des terres *allemandes.* On nous l'a bien appris.

Je les ai vus amis, eux et nos chefs, j'ai mal vu ; je les ai entendu acclamer et fêter, j'ai mal entendu... Ce qui est seul vrai et bon, c'est l'heure actuelle, qui console et ne trompera pas, cette fois-ci, notre longue attente.

Et aujourd'hui, ces tourbillons de poussière, ce sont nos escadrons. Et en ce moment, ces fracas, ces cliquetis de fer, ces grondements, ces appels stridents, ce sont bien des bruits de guerre véritable. Aurai-je assez de force pour y faire tout mon devoir?... Quels fantômes puissants et rapides ! Notre artillerie, toujours plus mobile, va les écraser. Et pour les attirer, eux déjà si confiants, il semble qu'on ait préparé les routes. C'est une ruse ; ils seront encore une fois enveloppés dans quelque bas-fond, où sombrera leur vantardise.

Etait-il utile cependant de faire flotter tant d'oriflammes ? Partout, nos troupes se sont cachées. En avant d'elles, pourquoi avoir placé ce peuple en fête? C'est imprudent, c'est fou. Il ne faut pas à ce point mépriser l'adversaire. Nos vieux généraux ont-ils abandonné la direction à de trop jeunes?... Je sens quelque traîtrise, je crains quelque piège...

Mais... c'est stupide ! On admet avec pompe les *Français* à nos tables ! Quelles fêtes étranges ! Nos chefs, nos magistrats, nos principaux personnages boivent bruyamment en leur honneur et portent la santé de leur nation... Ces lumières, ces flammes indiquaient une nouvelle bataille... Non ! c'était l'éclat des arcs de triomphe, c'était les feux des banquets... Quel vent d'oubli sacrilège passe sur notre peuple ?... Au profit de qui se conduisent toutes ces choses scandaleuses?...On nous pousse dans un singulier chemin. On laisse ouverte la terre sacrée de la patrie !... Tous les vaillants qu'elle recouvre vont se dresser contre ces étrangers pour les mordre ou nous maudire.

. . . .

— Dors tranquille, Frantz, bon patriote ; ne doute pas de ton maître, qui prépare une *autre affaire*. Point n'est besoin désormais de ton sang et de celui des fils de la glorieuse Allemagne pour réduire à jamais notre ennemi séculaire. Nous agissons plus adroitement, plus habilement et plus sûrement. Nous économiserons les vies des soldats, tout en conquérant plus de puissance et plus de territoire. Nous avons envahi depuis longtemps ce peuple condamné. Nous sommes plus de deux cent mille patriotes répandus chez lui, dans des postes divers ; nous le tenons, et lentement nous le pénétrons. Il se réveillera trop tard, conquis par une paix habile et ruineuse. Chez lui, nos amis sont nombreux et actifs. Ne t'inquiète pas, Frantz, des fêtes que nous lui donnerons encore, sous un prétexte quelconque. Nos poignées de main sont comme certains baisers : il en comprendra la cause quand il ne sera plus temps. Laisse-nous assurer l'avenir. C'est par tactique que nous l'attirerons chez nous. Nous le ruinerons, et

notre race nombreuse en aura raison... Dis-moi
qui veille actuellement sur lui? Qui pourrait le
sauver ou le soutenir? Quels sont ses chefs?
N'ont-ils pas voulu sourire de Dieu? Dis-moi
quels sont ses maîtres?...

Repose donc en paix, nous marchons à la
victoire certaine par d'autres voies : ne les
entrave pas. Aie foi dans notre habileté
patriotique. Notre génie veut s'abaisser jusqu'à
ruser avec eux : ils payeront tout cela. Ne
t'étonne plus de nos pratiques actuelles, et
nous viendrons, soldat, nous te le jurons...
nous viendrons t'avertir au jour du final triomphe pour crier avec nous: Vive l'empereur...
et place à l'Allemagne, unie et religieuse!...
En attendant, écoute... en souriant :

Hurrah pour la France !!...

11 DÉCEMBRE 1901

DOUX TEUTONS

La race allemande, à l'est, a saisi la Pologne ;
plus récemment, à l'ouest, elle nous a enlevé
l'Alsace et la Lorraine, et sur ces territoires et
leurs habitants elle a fait peser sa lourde tyrannie. Établissant les lois d'après son propre génie, méprisant les populations conquises sans
reconnaître la gloire de leurs résistances, on
l'a vue à plusieurs reprises se moquer des principes, qui s'imposent même aux conquérants et
pousser de nouveau, dans les temps modernes,
ce cri sauvage de « Malheur aux vaincus ! »
Elle a qu'un dieu : la force brutale, et son bras
ne sait que s'appesantir plus lourdement de
jour en jour. Avec elle on ne peut guère espérer
répit ou amélioration. La soumission même
l'irrite. Elle est restée rude et inquiétante,
malgré ses apparences de progrès industriels
ou de culture intellectuelle et scientifique.

Elle semble parfois s'adoucir, cultiver quelques-uns des arts paisibles, sourire à la paix,
y convier les autres peuples, enseigner la vertu

et le travail tranquille, proclamer l'idéal, incliner ses aigles devant Dieu; malgré ces appa-
rentes manœuvres, ces assurances pieuses et ces
appels bienfaisants, personne ne peut s'y rendre
et l'Europe répétera que les Teutons du Nord,
comme les Anglo-Saxons, se trahissant dans
leurs œuvres récentes et leurs entreprises,
sont restés comme *des barbares*. Leurs gestes
sont brusques et durs, offensants; leur politesse
trop rude; leurs mains, qu'ils veulent faire
amicales, broient plus qu'elles ne caressent;
ils ont les mêmes appétits que leurs pères, et
encore plus de cruauté dans leurs instincts.
Ils se résument dans le Prussien, qui les
domine de son absorbante énergie et les
maintient tous sous son joug coûteux. Tous se
sentent unis dans une sorte d'orgueil, enhardis
par la puissance réelle de leur race nombreuse
et ils ne peuvent concevoir que cette force
matérielle trouvera, bientôt peut-être, un
obstacle invincible à son expansion ; quelque
petit élan moral, bien méprisable à leurs yeux,
quelque sourde résistance nationale, un réveil
béni dans le cœur d'humbles patriotes leur
apprendront qu'ils auront désormais à compter
avec des puissances supérieures à leurs coups.
L'idée seule, soulevant les peuples trop courbés,

refoulera *la horde allemande*. Ne peut-on au moins l'espérer?

C'est dans ce qui fut une partie de la malheureuse Pologne que ce mouvement libérateur semble naître. Les premiers conquis secoueraient le joug insupportable de leurs envahisseurs. Les martyrs de cette glorieuse nation inspireraient de nouveau ces courageuses populations. Le Teuton leur a trop demandé ! Le Teuton veut être maître de leurs cœurs ; il veut être maître absolue de leurs enfants et il veut imposer sa langue à lui, sa langue allemande, former d'après ses idées les jeunes générations et leurs inculquer de force qu'il n'y a rien de plus grand que « leur » nation allemande. Les Polonais doivent sourire de telles prétentions. Ils se souviennent de ce qu'était la Prusse et de ce qu'ils furent eux-mêmes... Mieux unis et moins trahis, que ne pourraient-ils pas encore espérer? Qu'adviendrait-il en effet, si les autres peuples, maintenus comme eux sous la botte prussienne, voulaient se rappeler leurs anciennes libertés et leurs vies nationales, encore à peine éteintes?

« Tu prieras en allemand, petit Polonais, ou tu seras fouetté... » Et le petit Polonais a préféré être battu. Le Teuton n'a pas deux méthodes. Ne réussissant pas, il a de plus emprisonné les mères, affamant autant que possible les enfants. — Les Anglais doivent bien rire : « C'est ainsi qu'il faut traiter des révoltés ! »—Malgré les prisons, malgré les bâtons et les autres tortures, la Pologne prie dans sa langue, et par ses nouvelles épreuves elle espère... qu'elle violentera la Justice. Il lui a semblé qu'on lui demandait une sorte d'apostasie et qu'on allait lui imposer bientôt un nouveau baptême. Les Polonaises ont voulu sauver leurs enfants ! Malgré les arrogantes prétentions et les sarcasmes des soudards et de tous les employés impériaux, Dieu récompensera et fortifiera de tels sentiments, qui prouvent la vitalité irréductible d'un peuple, — admirable enseignement !

En Lorraine et en Alsace, n'a-t-on pas vu même spectacle et ne sait-on pas à quoi s'exposent ceux qui veulent encore parler leur doux français ! On les a gênés, ceux-là !... On les a chassés, punis, emprisonnés ; on les a contraints de savoir la langue du vainqueur et, en toutes circonstances, on l'a imposée aux jeunes générations. Dans nos provinces conquises, au seul aspect de nos trois couleurs, le Teuton voit rouge et s'élance, pour le battre, sur l'enfant qui le vargue, en fredonnant quelque couplet d'une chanson française. Dans ces chers pays toujours fidèles, les mères ont tressailli, lorsqu'elles ont connu la vaillance des Polonaises. Autour de l'empire et jusque dans son sein se formeront ainsi des nuages de colère que l'avenir utilisera, en dépit des diplomates, pour une plus légitime répartition des territoires et des richesses dans l'Europe centrale ; peu importe l'apaisement actuel.

Non contents de battre les enfants polonais, après avoir battu les petits Alsaciens et les petits Lorrains, qui ne voulaient pas désapprendre à prier ou à espérer dans la langue de leur mère, voyez comment les Teutons, les doux civilisés teutons, ont compris leurs devoirs et leurs droits d'actifs protestants, au Cameroun notamment et dans leurs autres colonies, de l'Ouest africain ? « Nous avons punis nos soldats et nos officiers trop violents, *même* avec des nègres. » — On croirait entendre des Anglais !

Certainement, vous avez dû donner tort à vos troupes et personne ne songerait à vous reprocher quelques faits isolés et que vous seriez les premiers à regretter et à réprimer, sans attendre la pression de l'opinion. Mais...

c'est tout un ensemble de mesures, c'est le système établi et adopté par vous, en Europe ou en Afrique, qui vous condamne à être jugés tels que vous êtes restés. Plus haut que la voix de vos poètes ou de vos musiciens, plus haut que les leçons de vos savants, plus haut même que les toasts de votre empereur, on entend, trop souvent, vos cris de triomphe brutal et ceux de vos victimes.

Que vous soyez du peuple ou « haut-nés » — suivant votre expression — il y a chez beaucoup cette rudesse indécente et cruelle que vous voudriez défendre, opposer à nos mœurs les meilleures et expliquer par un effet de la vitalité d'une race plus forte... Rappelez-vous donc la conduite récente et les gestes d'un prince de chez vous, un vigoureux chasseur et un grand buveur. Comme il vous fait honneur... et comme il sait bien être le mari de la plus gracieuse des souveraines ! Veut-il, d'instinct, la faire repentir d'avoir secouru des vaincus — les Boers ?

Battez les femmes, insultez donc les princesses, emprisonnez les mères, ordonnez rageusement partout l'empire l'entière soumission, — battez encore les enfants et les nègres..., les

femmes et tous vos autres prisonniers résiste-
ront glorieusement, les enfants de vos victimes
grandiront... ils voudront mourir libres... et
la poussée allemande un jour sera arrêtée...
sous le simple effort de quelque *folie*, invincible dans sa foi ou sa croyance patriotique !...

25 DÉCEMBRE 1901

UN ARBRE DE NOEL

Après le joyeux éclat de la fête familiale, entouré de cadeaux et de présents variés, quelques-uns d'une grande richesse, d'autres touchants ou gracieux, dans un intérieur somptueux et paisible à la fois, à côté de breuvages divers et d'épaisses et odorantes pâtisseries, le roi d'Angleterre sommeille... Il a le cœur et les yeux encore remplis du riant tableau que formaient autour de lui, il y a quelques-instants, ses enfants, ses petits-enfants, les bras chargés de fleurs, le cœur en émoi, les lèvres souriantes, guidés par leurs mères, de jeunes princesses toutes parées...

Il entend encore les voix fraîches, les éclats de rire, quelques légers cris de crainte ou de trouble enfantin... Il entend le plus petit réciter avec de délicieuses hésitations une sorte de compliment grave, qui doit résumer les vœux de la famille et qui souhaite, avec un baiser, longue vie et prospérité au *grand empereur. God save the king !*

Puis, ce sont des hurrahs sincères et réconfortants, de tendres acclamations, de vifs témoignages et des assurances d'affection et de dévouement. Le cérémonial est négligé, la réunion des parents augmente ses démonstrations et sa charmante agitation, et, pendant quelques minutes, le prince se laisse aller à de douces émotions. L'avenir se présente à ses yeux, heureux pour lui, grand pour son peuple, et un légitime orgueil l'envahit en face de ces jeunes vies, qui assurent la durée de sa race, au sein de ce luxe heureux, indice de sa riche puissance....

Au dehors, dans la nuit, quels sont encore ces éclats bruyants? De joyeuses fanfares résonnent, des étendards aux vives couleurs luisent sous l'éclat des torches que dressent de vieux serviteurs, couverts d'honneurs. La nation et l'armée s'unissent à cette heure pour saluer le maître de ce puissant État : « Hip ! hurrah ! *Dieu sauve le roi!...* »

Maintenant, tout est calme, les babies se sont envolés, les serviteurs se sont écartés, les lumières s'apaisent, la nuit s'épaissit, le silence s'étend, la fatigue s'impose, et c'est près d'un petit arbre de Noël, présent du plus jeune, le préféré..., se sentant pénétré malgré lui par une sorte de torpeur et d'angoisse religieuse qu'apporte à tous cette nuit solennelle, qu'Edouard VII veut reposer...

... Voici que le petit arbre a grandi, ses minces branches se sont étendues, il grandit encore, démesurément... il se balance, et tourne lentement. Une lueur livide l'éclaire. Il est couvert de frimas et de flocons de neige. Cette blanche neige est souillée de taches rouges et humides. A l'extrémité de chaque branche pend un jouet, suivant la coutume, et dans son mouvement, sous la poussée d'un air glacé, l'arbre de Noël — un Noël vengeur — vient frôler le visage du roi et lui présenter une misérable poupée : l'arbre est rempli d'enfants... aux yeux vitreux, aux chairs décolorées, épouvantables joujoux !... Ils soufflettent le dormeur, ils crient doucement, et le forcent à les écouter.

Ce fut d'abord un groupe de petits Irlandais : « Nous étions cent d'un pauvre village, nous sommes partis ensemble ces jours-ci. Pourquoi n'as-tu pas ordonné que nos mères pussent manger pour nous nourrir ?... » D'autres enfants du même pays firent entendre des plaintes semblables, criant leur misère au chef de leurs oppresseurs. A côté, de petits Indous, innombrable phalange accusatrice, montrant leurs bouches vides, affamées, leurs corps décharnés, serrés les uns contre les autres. Puis, de petits enfants tout noirs, massacrés dans les nombreuses guerres coloniales. Ils dressaient, comme les autres, leurs faibles poings à l'extrémité des branches. Il y en avait encore d'autres et d'autres, de toutes les nations, victimes de la *civilisation* anglaise. Enfin, voici les petits Boers, ils sont plus de dix mille assemblés, et leur nombre est tel que leurs plaintes dominent les autres. Le tout formait une ruche effrayante, une volière d'oiseaux pitoyables...

... Une lumière plus vive frappe ce grand et épouvantable arbre de Noël, la neige devient rose et se fond, la lumière grandit, elle éclate... et au sommet de cette pyramide de petits martyrs, apparaît, avec son radieux sourire, l'Enfant-Dieu. Il leur tend ses bras libérateurs, il les appelle et les rassemble dans sa gloire... et, disparaît avec eux, maudissant les causes injustes de telles hécatombes.

... L'arbre est redevenu tout petit, tel que

2.

l'apporta le plus jeune et le plus aimé des enfants. L'horrible vision a fui, Edouard VII se calme, et espère... En effet, voici le baby lui-même : il va redire ses souhaits de sa douce voix, et déjà rempli de l'orgueil anglais il proclamera l'éclat et la raison de tous les actes de l'aïeul. Celui-ci se penche donc vers lui : « Parle... » Et l'enfant, à qui une mission plus haute vient d'être imposée, en pleurant et tout tremblant, lui crie : *Dieu ne sauvera plus le roi d'Angleterre !...*

PIRES QUE JUIFS...

Quand ils l'eurent crucifié, quand il fut mort, après avoir constaté que tout était fini de cet homme dangereux, qu'il était certain que le peuple ne l'entendrait plus, ne le suivrait plus, ne le croirait plus désormais et qu'il n'avait pas réussi à se délivrer lui-même de leurs mains, fatigués par cette suite de cruautés, ils se partagèrent enfin ses misérables et sanglantes dépouilles. Et l'affaire étant achevée, avec quelques cris de folle colère, la plèbe et les valets des soldats et les quelques derniers acteurs de ces basses œuvres se groupèrent et laissèrent là le Christ, sur son gibet ; ils se retiraient tous pleinement satisfaits dans leur haine.

« Il est mort, disaient-ils, peu importe ce qu'il adviendra de cette loque sanglante, et si ses parents, ses amis, continuant leur stupide dévouement, viennent la réclamer, ils l'auront à bon compte. La justice a fait son œuvre, elle ne s'acharne pas sur un cadavre. Notre rôle est fini et nous sommes vengés. »

Les Juifs donc, après quelques lourds gestes de moquerie, abandonnèrent le supplicié sur son arbre d'infamie... Cependant que des milliers et des milliers d'anges, prosternés et atterrés, frémissaient autour de la croix dans une muette adoration et que les puissances terrestres s'émouvaient, au déclin de cet horrible soir, — soir immortel, qui précédait l'heure où devait naître, pour l'humanité, l'aurore libératrice du salut !

Voici que le corps du Christ demeure dans sa paix funèbre ; ses bourreaux, contents de leur tâche accomplie, ont cessé toute torture. La sentence a été exécutée. La croix, au sommet du Golgotha, dresse le condamné. Personne n'y touchera plus. Jésus a été mis à mort : cela suffit aux Juifs.

Cela ne suffit pas à la franc-maçonnerie moderne. Les siècles sont venus jusqu'à nous proclamant la gloire indestructible du divin coupable. Partout a triomphé la croix, et la route de l'humanité en est jalonnée. Elle resplendit victorieuse à tous les sommets et de ses bras puissants protège le monde, gênant et arrêtant l'action du maudit. L'homme de nouveau a pu entendre cette voix que les Juifs avaient voulu étouffer, et ses enseignements lui ont survécu, plus pénétrants de jour en jour. Le peuple a cru et croit, et croirait encore, rappelé vers Dieu et la loi divine, à chaque pas de sa vie, par cette simple vue des crucifix. Les Juifs avaient négligé d'abattre la croix elle-même; ce signe avait en lui un pouvoir qu'ils ne pouvaient soupçonner. *A nous d'achever leur besogne !*

Et afin qu'il n'y ait pas de tumulte dans la foule et qu'un scandale gênant ne se produise pas, c'est dans l'ombre, en traîtres, en honteux agents trop payés de leur peine que les Loges ont lancé et fanatisé leurs plus misérables affiliés. Ils se sont glissés jusqu'à ces simples bois, jusqu'à ces humbles signes d'un fait qu'ils devraient même négliger dans leur science orgueilleuse et précise, et ils ont secoué le Christ, ils l'ont jeté bas, rouant ses membres. Au Calvaire, les autres sataniques, leurs ancêtres, n'avaient pas été jusqu'à ces excès. La nuit, poussés par les influences infernales, pour arrêter enfin celles qu'ont gardées sur nous ces croix, ils sont venus en ricanant et audacieusement les briser, jouissant de leurs sacrilèges équipées. Quelle plus magnifique reconnaissance d'un pouvoir ridiculisé! Quel plus éclatant aveu de sa permanence sur l'esprit du peuple !

Les voilà en miettes, en poussière que le vent va disperser, ces figures, ces visages qui irritaient les amis de l'humanité ; elles sont en morceaux les croix, et l'homme, et le peuple entier est délivré par des mains « intelligentes » de leur influence exaspérante. « Il fallait violenter un peu les croyances publiques. » Quelque femme ou quelque esprit inférieur protesteront; c'est l'affaire de quelques années, et notre pays, donnant l'exemple aux autres races trop soumises, après quelque hésitation ou surprise, paisiblement s'acheminera vers un autre idéal, qui lui sera vite et prudemment fourni par *ses* pasteurs modernes. Si ces faits cependant paraissent trop violents, on désavouera, suivant la coutume, pour un temps, leurs auteurs — récompensés sous main. Les ravages commandés par la nouvelle religion républicaine ne s'étendront que petit à petit. Et les grands chefs, les utiles penseurs, les suprêmes pontifes des temples maçonniques comptent qu'ils seront tôt ou tard récompensés, dans l'histoire, par la reconnaissance publique : les nations rougiront avant peu de leur foi passée. « C'était comme des épouvantails, sur toutes nos routes... Une fois abattus, plus joyeusement, les travailleurs

s'appliqueront à leur tâche et tout aussi paisiblement les désespérés s'efforceront d'espérer
en un état meilleur et qui les dédommage de
leurs souffrances. » Ah ! les Loges aiment bien
le peuple de France !...

Les croix, elles avaient précédemment disparu
de l'école, des salles publiques, des lieux de
réunion, municipaux ou judiciaires ; l'enfant
ne s'imprégnait plus de cette vue, c'était
déjà un grand progrès, venant aider tous les
changements imposés dans la direction de son
enseignement. Mais elles se dressaient encore,
insolemment, dans les carrefours, sur quelques
places publiques, dans les cimetières même.
C'était humiliant. Trop de malheureux, comme
dans une muette prière, aimaient à en tracer
le dessin, le cœur plein de confiance : « ce sont
des mœurs à modifier ». Pendant quelque temps
on permettra peut-être que de telles pratiques
restent enfouies dans le for intérieur ; enfin,
et progressivement, l'humanité se libérera
entièrement ; aidons-la, et pour commencer :
« En bas les croix ! » Et les complices, soi-
disant excusables de cette bande, ne veulent
rien voir de ces criminelles résolutions. « Con-
tinuons jusqu'au bout l'action juive, trop tôt

et bien imprudemment arrêtée. Qui aurait pu prévoir la persistance d'une telle religion envers un supplicié et d'une telle dévotion pour le bois de son supplice?... »

Et l'œuvre maudite est commencée; tout dernièrement elle opérait dans le Midi : les femmes françaises, comme autrefois, comme toujours, ont répondu au cri de détresse de leur Dieu. Il leur accordera l'honneur de le venger.

L'idéal, le souvenir, la reconnaissance, voilà ce qu'il faut effacer et détruire; il faut abolir la figure de Celui qui appela le peuple à la vraie liberté et à la vraie fraternité; il faut même supprimer, pour nos sots scientifiques illogiques, cette pratique de localiser un sentiment ou plutôt de faciliter son rappel. On semblerait parvenir, de la sorte, à échapper à leur tyrannie et à la fuir dans un irréel consolateur...

Ce ne sera point par des forces tangibles que nos *maîtres* seront subjugués; il en a d'ailleurs toujours été ainsi. S'ils voulaient apprendre l'histoire qu'ils enseignent cependant, mais à leur façon, ils s'en convaincraient malgré eux... Ils seront domptés par un signe, ils seront vaincus par *une idée*, et ils ne se montrent si violents qu'en pressentant l'heure du triomphe de l'idéal religieux. En ce moment, il ne paraît pas être proche ; en réfléchissant, on sent cependant que la colère actuelle des mauvais directeurs de notre nation est faite de crainte. Ils prévoient, ces orgueilleux, ces faux dévoués, qu'ils vont être gênés dans leur ridicule puissance.

On renverse la croix, on ne la détruit pas, et c'est par ce signe que nous vaincrons, simplement, parce que Dieu l'a dit.

————————

— 29 JANVIER 1902 —

GUERRE A LA CHRÉTIENNE !

— Et depuis !...

Il n'est en effet plus besoin pour exciter nos faux concordataires et leurs doux complices de porter la bure et la cornette, de prononcer des vœux, qui offensent ces grands libérâtres soumis, de vivre d'après une règle acceptée avec une intelligente joie, il suffit simplement, à cette heure, *d'être chrétienne*, d'essayer de faire le bien et d'exercer la charité. Il était facile de supposer que les principes, qui s'imposent aux ministériels actuels, les conduiraient à décréter des poursuites contre de simples Françaises, coupables doublement d'être françaises dévouées et, de plus, chrétiennes convaincues et agissantes. Ah ! passe encore si elles se livraient naïvement aux œuvres maçonniques, avouées ou déguisées, ou aux œuvres juives !...

Que vient-on de voir ?... Les souteneurs déshonorés de la politique dominante connaissent ces faits. Ils voudraient bien qu'on en parlât peu ; ils insinuent volontiers qu'il y a eu peut-être excès de zèle... mais, au fond tout au moins, qu'il n'y a pas de quoi fouetter... un moine. Afin de ne pas trop effrayer les esprits à la veille des *chères* élections, il convient donc de ménager l'opinion de certains milieux influents : à force de tirer sur la corde, elle pourrait se rompre et étrangler net ceux qui s'en servent. Les « suprêmes pontifes du temple » cependant n'ont pas de ces hésitations, et c'est bien d'après leurs ordres sectaires qu'ont été résolues ces atteintes au droit des particuliers, aux droits des personnes, à la suite de celles qui avaient précédemment été tentées contre le simple droit de propriété. Malgré les efforts des rusés et des lâcheurs, le précieux char, le char de l'Etat républicain... s'enlise et écrase les naïfs, tandis que sourit son cocher.

Or, dans une grande ville, — peu importe son nom, — quelques pieuses femmes se sont réunies pour se dévouer aux malheureux, dont elles vont panser à domicile les plaies physiques et morales. Elles ne sont soumises à aucune règle religieuse, elles n'ont point prononcé de vœux — « ridicules ! »

—elles restent libres, messieurs les modérés pieux... Cependant, agitant les règlements et les décrets, de simili-juges ont lancé leurs sbires, et ces bonnes Françaises ont été sommées d'avoir à comparaître et à donner des explications sur leur singulière conduite. Pensez donc... faire le bien, soulager le peuple, lui parler espoir en calmant sa peine ; elles ne savent donc pas, ces audacieuses, que nous n'avons pas ce droit et que c'est se montrer bien indulgent vis-à-vis d'elles que de se borner à leur enjoindre de ne pas continuer ce scandale.

« Les malheureux sont à nous, et à nos bureaux. Ce sont des utilités électorales. N'y touchez pas. Cette association, cette ligue contre la souffrance nous apparaît comme une dangereuse congrégation. Nous la surveillerions difficilement et nos policiers n'ont déjà que trop de besogne. Si le pauvre pâtit, nous avons de grandes phrases à son service comme baume souverain, et la solidarité républicaine, utilisant *vos impôts*, le réconfortera, pourvu qu'il soit des nôtres. Hors de nous, point de soulagement ou d'aide ! »

Faut-il vraiment écarter du chevet de l'ouvrier malade ou blessé toutes celles qui réjouissent d'accomplir près de lui une mission de dévouement, si elles ne sont pas des « sœurs initiées » ? Toutes les misères n'ont-elles pas le droit d'être secourues ?... De justes colères s'amoncellent contre de telles tyrannies...

Dans une autre ville le gouvernement a fait perquisionner et appliquer les scellés pour des motifs encore plus injustes, encore plus odieux. On a violé le paisible domicile d'une bonne et honnête Française. — Elle devait être sans doute convaincue d'un crime évident... — Certes. Elle donnait asile à son fils, qui appartient à une congrégation dissoute. Celle-ci n'ayant pas le droit d'exister et de prier en France, il était urgent pour la République qu'on se rendît compte de ce qui se passait chez cette chrétienne. Il y avait chez elle *deux* exilés, et vous sentez d'ici le danger pour saint Waldeck ou saint Loubet, et leurs dévots. Mais nos préteurs veillent, et ils ont fait constater l'intention... du délit. Ce sont d'habiles filous, simplement.

D'autres faits du même genre se sont produits ailleurs et il est logique d'affirmer que dans cette voie le ministère de *défense* ne pourra plus s'arrêter. Il ne le désire pas d'ailleurs, et son chef, dans ses discours-programmes, affirme vigoureusement « qu'il ne se laissera pas tromper par quelque subterfuge ou détourner de son devoir ; il appliquera la *loi* ». Ça, la loi ?... Inquiéter et appeler en justice des Françaises charitables, pénétrer et perquisitionner chez une mère recevant son fils, parce que celui-ci est religieux, continuer de telles œuvres antipatriotiques, et affirmer qu'on a la loi pour soi, c'est cyniquement se moquer du bon sens populaire. Ce que l'on a pour soi, c'est la force.

La loi, elle est du côté des victimes de telles exactions ; la loi, elle permane contre ceux qui la violent en la fabricant suivant leurs passions politiques ; la loi, elle saura venger souverainement ceux qu'atteint et moleste un brutal pouvoir.

La femme française, la mère, la chrétienne possèdent, Dieu aidant, une autre force que nos « faiblards » meneurs... Voici qu'elles s'unissent en une sainte ligue, elles se révoltent enfin ; elles garderont l'âme de leurs enfants que les lois, les fameuses lois... voudraient leur voler ; elles continueront à s'occuper du peuple, si bon leur semble ; elles rappelleront courageusement à leurs devoirs civiques leurs maris, leurs fils, leurs pères ; enfin, inspirées par celle qui sut « bouter dehors » les ennemis de la France, elles sauveront le pays, qui connaîtra, par leurs actions, ce que peut obtenir la force de la véritable chrétienne, imposant des lois honnêtes...

LES COUPE-JARRETS

— Il y en a toujours !...

Ils sont masqués et ne portent cependant pas de masque, font preuve facile de manières polies et souples, vous donnent de suite les meilleures assurances, et qui voudrait douter de leur zèle pour les intérêts actuels de la chose publique les offenserait vivement. Surtout, ils ne souffrent pas qu'on discute leur « entière bonne foi » et leur plein dévouement à l'égard de la cause catholique. Parmi les chrétiens dévoués, parmi ceux qui sacrifient leur temps, leurs occupations et même « leur argent » pour faire triompher aux élections prochaines les hommes de bon sens et d'ordre, les *coupe-jarrets* habiles déclarent qu'ils entendent bien être, eux aussi, des premiers et des meilleurs. Ils se faufilent dans plus d'un comité, s'inscrivent à plus d'un groupe, se tiennent au courant des réunions, surveillent les actions des chefs des différents partis et, sans trop donner l'éveil

ou faire naître quelque défiance, ils savent cap-
ter l'estime.

On prend parfois leur avis ; ils le donnent
discrètement, avec quelque réserve souriante.
« Ils ne voudraient pas s'imposer..., trop
attirer l'attention... » Quels précieux auxiliai-
res ! Quels prudents personnages ! Tels sont
leurs premiers pas, leurs premières démarches.
Une fois introduits et au fait des résolutions
prises, rien de plus intéressant que de suivre
leurs manœuvres et d'en découvrir le danger.
Personne ne saura mieux qu'eux faire avorter un
élan patriotique, perturber un milieu honnête,
couper bras et jambes aux actifs combattants.
Ils ont suivi le mouvement ; il pourrait réussir,
il aboutirait ; ils ont étudié le fort et le faible
du dispositif de combat. Alors, traîtreusement
ils brouillent le plan et les cartes, et sèment
l'odieuse désespérance parmi les troupes, qui
s'élançaient déjà dans un suprême effort, sans
calcul intéressé, sans arrière-pensée, le cœur
rempli d'un véritable enthousiasme : tout ce
qu'il faut enfin pour triompher.

Entendez-les, nos bons apôtres : « Est-on bien
sûr de réussir? La victoire utile et honnête est-
elle si prochaine? Est-ce bien pour cette fois?»

Qu'on ne se leurre pas à tort ! Surtout pas d'emballements !... Le pouvoir ministériel est assis depuis longtemps. Les hauts et moyens fonctionnaires ont grand appétit ; ils ne quitteront pas facilement le râtelier que la *princesse* leur garnit. Le mouvement d'opposition est-il si général qu'on le dit ?... Les campagnes adorent le fait gouvernemental et s'agenouillent devant la possession d'État. Les maires oseront-ils se dire libres et protéger la saine liberté ? Le cabaretier est une puissance alléchante. L'instituteur terrorise les fermiers et connaît les petits côtés des caractères ruraux... Il faut beaucoup d'argent. Peut-être les fonds réunis seront-ils mal distribués. C'est une grosse partie... Il importe grandement de la bien jouer. En cas d'échec, quelle culbute dans un inconnu terrible, social et économique ! On risque d'exaspérer les masses populaires. Leurs représentants ayant été combattus reviendront au pouvoir avec plus de rancœur. Les effrayer simplement un peu serait à entreprendre, peut-être !... Mais les attaquer si âcrement et sans merci, en cas d'insuccès, c'est ouvrir la porte aux conséquences les plus redoutables... Ne pourrait-on chercher à obtenir d'abord de plusieurs députés quelque engagement, quelque promesse de modération future ? Tirer parti du moins mauvais, ce n'est pas si maladroit. C'est la maîtresse tactique... « Songeons tous bien à ce qui nous est demandé ; réfléchissons, examinons, pesons ; la chose en vaut la peine. Quels reproches ne mériterions-nous pas, si nous compromettions la cause du bien, celle même de l'Église, en voulant avec trop de hâte ou d'ardeur maladroite les servir ! Défions-nous de notre zèle, mes amis. »

Ils ajoutent encore, ces mauvais soldats : « Combien tous nos adversaires agissent intelligemment ! Que leurs groupements sont bien faits ! Que leurs candidats sont rusés et bien secondés ! Puis ils ont nos bourses à leur disposition. L'instituteur a été chapitré, et il sait le tarif des votes, avec gratification personnelle en cas de réussite. Dans telle circonscription, M. X... a dit ceci, cela... Quelle habileté ! Dans telle autre, tel candidat « gouvernemental » a crié : Vive Dieu ! et Vive l'armée ! Peut-être beaucoup de nos élus ne sont-ils pas si mauvais que leur docilité l'a fait ressortir pendant cette législature. Ils s'amenderont, ils sont effrayés de la situation financière du pays ; ils ne peuvent la nier ; nous devrions être déclarés en banqueroute, même frauduleuse, tant est grande la *gabegie* officielle et républicaine... Mais, ce qui a duré peut durer encore... L'heure de la délivrance a-t-elle bien vraiment sonné? Qui ne voudrait le croire ?...

« Enfin, en admettant le succès, qui placera-t-on à la tête des affaires publiques? Quel sera le prochain ministère, fin mai, si saint Waldeck est renversé ou obligé de songer à sa santé particulière ? Quel nom s'impose ? On sent déjà les difficultés qui naîtront. Problème insoluble ! Toutes les personnalités politiques, de gauche ou du centre gauche, sont un peu usées. C'est ce qu'il y a de plus grave, en réalité. Sur quelle tête se mettre tous d'accord, pour réformer les lois récentes, lois liberticides, — on n'en doute guère ? — Il faudrait une énergie, une intelligence, une vaillance habile, une vraie poigne-Bismarck, et Cavour et Metternich échoueraient. Qui voudra accepter cette tâche, dont les passions politiques surexcitées augmenteront encore la difficulté le lendemain des résultats de la consultation nationale ? Pauvre France, qui ne sait que se combattre et qui ne peut découvrir son salut ou appeler son sauveur, qui déclare à moitié qu'elle ne veut plus être sauvée et même que sa peine multiple et accoutumée la satisfait. A quoi bon songer !... »

Qui n'a pas entendu dernièrement de telles antiennes longues et perfides ? Qui n'a pas rencontré, ces jours-ci, ces doux fournisseurs de mauvais conseils ? Voyez leur hypocrisie, leur fausseté. A les croire, c'est une entière abnégation qui les force à parler, car ils n'ignorent pas « qu'ils seront peut-être mal compris et qu'ils s'exposent à être soupçonnés... »

On les devine très bien, en effet, et on les démasque facilement. Encore est-il opportun cependant de ne pas hésiter plus longtemps dans leur *exécution*. Ils n'ont eu que trop d'influence dans le passé. Leurs œuvres sont nos divisions et nos hésitations, et ils se flattent encore de les entretenir, et d'empêcher le bon mouvement d'union intelligente, qui existe entre tous les *braves gens*, d'aboutir contre... tous ceux qui ne le sont pas et qui ont *volé* le pouvoir dans notre patrie.

Dénonçons donc tous ces enragés *mainteneurs* de l'état actuel de nos mauvaises affaires ; démasquons ces secrets souteneurs de nos exploitants, et gardons tout notre bon courage, en dépit de leurs avis, de leurs amicaux conseils, de leurs *sages* avis. Leur prudence inquiète n'est que mensonge ; leur doute n'est qu'un piège pour nous arrêter. Quelle crainte au fond n'ont-ils pas de nous voir déloger ceux que depuis trop longtemps ils sont assez coupables de défendre et de garder jalousement, contre nos coups ! Quel scandale de les entendre exagérer à plaisir les forces toujours douteuses de nos adversaires ! « Ceux-ci font tout bien et possèdent le secret d'une éternelle victoire !... »

En dépit de ces *ficelles* de ces traquenards, malgré la canaillerie des faux frères, — clercs ou laïcs, — agents dévoués de la maçonnerie régnante, tout en constatant les difficultés de l'entreprise, les vrais Français continueront leur œuvre libératrice. Leur cause est juste, honnête, nécessaire. Elle s'impose à tous. Dieu les secourra... Il les sauvera de leurs pires ennemis, et à la suite de l'*assainissement* des assemblées législatives, il saura susciter dans leur sein de plus dignes citoyens, de plus libres esprits pour achever cette œuvre patriotique. En attendant, coupons la langue... à ces coupe-jarrets, sans avoir la simplicité de leur exposer en détail toutes nos raisons d'espérance certaine et sans les mettre naïvement au courant de nos légitimes et vigoureuses tactiques.

15 MAI 1902

NOXIOSA SCIENTIA
SALVATRIX

I

Contre Dieu, son créateur, l'homme à peine créé, être aux facultés imparfaites et aux débiles organes, intelligence cependant libre, volonté complète, a péché : l'homme n'a pas tardé à ne pas obéir, et dans son audace, sous le souffle du génie du mal, il a voulu modifier le plan divin et suivre sa seule loi.

L'orgueil a troublé son âme et envahi son cœur ; il a cru juger quelle était sa puissance, il a oublié quelle en était la seule source, il s'est montré ingrat..., et un désir immense l'a rempli.

Méconnaissant donc son origine certaine et négligeant les défenses récemment faites, il s'est dit : « Je veux savoir... je connaîtrai toujours davantage, je suis capable de tout découvrir, de tout comprendre, par mes seules forces. » Quelles magnifiques aptitudes n'avait-il pas reçues ! Quelles richesses, quelles ressources ne lui avaient-elles pas été prodiguées !

La créature humaine ajouta bientôt : « Et ce pouvoir et ces facultés sont à moi, viennent de moi. » Satan, le suprême révolté, le prince des sophistes, applaudit et fortifie ce blasphème ridicule.

Et l'homme, plus insensé, plus oublieux encore, cria : « Et par cette science développée, par mon unique raison, par moi seul, je serai *mon* Dieu... »

Le ciel s'émut en face de cette folie criminelle, attendant son châtiment. Dieu, malgré lui-même, se souvint de ses ordres. Il abandonna l'homme à *sa* science. Il lui fit connaître sa faute, lui déclara sa propre colère, et de suite cependant, il promit le pardon et un Sauveur, capable de l'obtenir, une victime expiatoire digne du sacrifice exigé, le Messie futur, qui, malgré la grandeur de l'offense contre l'éternelle justice, suffirait cependant à l'apaiser et à satisfaire l'éternelle bonté.

Le genre humain commença donc son développement en même temps que la nature, luttant contre elle et triomphant d'elle, la domptant, et, de siècle en siècle, il étendit son empire, se multipliant malgré les éléments et surprenant peu à peu leurs secrets. Dieu soutenait le courage de sa créature et l'aidait dans ses œuvres.

L'esprit de l'homme, de son côté, progressa et s'achemina vers la Vérité. Mais que d'erreurs, que de défaillances, quelles déceptions ! Que d'arrêts et de reculs dans cette marche difficile, au milieu des systèmes aux conceptions bizarres et des écoles les plus étranges ! Bien lente était *la science*, malgré ses vaniteuses assurances ; bien petits étaient les résultats, bien incomplètes les découvertes...

L'homme se déclarait cependant presque satisfait, et se vantait, et se réjouissait de tout ce qu'il avait su déjà obtenir et entreprendre.

L'humanité continue ses efforts et résout encore quelques problèmes. Elle s'enivre de son savoir continu. Elle méconnaît toujours sa véritable origine et son véritable but, et, trop absorbée par ses travaux et ses peines, elle ne peut se souvenir que l'heure de sa rédemption a sonné, que le ciel s'est incliné vers elle, suivant le décret porté au début du monde, et que son Sauveur, son créateur, vient souffrir lui-même pour pouvoir lui pardonner. Elles n'ont pas compris ce fait grandiose, cet acte

divin, ces « magnifiques » intelligences humaines, si fières de leur savoir ! Ils ont ignoré leur
Dieu, ces savants !... Et il habitait parmi eux,
leur rappelant, leur enseignant lui-même ses
commandements, — la vraie science.

Tout ce qu'a pu faire l'Homme, c'a été de
torturer l'Homme-Dieu et de le crucifier. C'est
ainsi qu'il répondit à l'infinie Bonté. Celle-ci,
malgré cette ingratitude, proclama « qu'il ne
savait ce qu'il faisait », et le sacrifice de la
croix, le supplice de Jésus, produisit le salut
universel...

L'esprit humain reprit ses recherches scientifiques et interrogea la matière de mille façons.
D'âge en âge, il apprit à la mieux pénétrer et à
s'en servir plus utilement. Il analysa ses forces
et découvrit ses ressources et ses réserves les
plus cachées. Les conquêtes de l'homme furent
telles qu'il pouvait se dire qu'il n'ignorait plus
rien et que, par ses labeurs accumulés, par ses
expériences, il possédait le savoir pleinement.
Il en arriva enfin à penser qu'il deviendrait un
jour *créateur* et qu'il obtiendrait ainsi la plé-
nitude de l'être, en puissance et en durée.

II

L'ardeur des savants ne connut donc plus
de bornes, ni leur espoir vaniteux de limites.
Les philosophes triomphants assurèrent qu'ils
détenaient la vérité, et tous ces travailleurs
appliqués, se soutenant les uns les autres,
déclarèrent victorieusement que Dieu n'existait
pas réellement et que les enseignements de
« son Église » étaient pures légendes et mensonges dangereux. Tous ils s'acharnèrent à
leur tâche, qui eût été si belle sans son but
coupable et leurs intentions criminelles. Tous
voulurent établir quelque chose de certain, les
uns : la réalité du néant, d'autres : l'éternité de
la matière, d'autres encore : son intelligence et
sa faculté organisatrice. Tous s'appliquèrent à
prouver la fausseté de l'idée d'un Dieu créateur
personnel et souverainement parfait en tout.

Dans cette entreprise il était nécessaire de
commencer par démontrer les inexactitudes
des croyances chrétiennes touchant le Christ,
sa vie et sa mort, et tout le détail de sa passion
— « tout ce drame si lointain, sans doute
inexactement rapporté jusqu'à nous, et qui
cependant émotionne encore les âmes faibles ».
Ce fut le rôle des historiens impies. Mais

chaque branche du savoir humain voulut concourir au grand œuvre : le chimiste, le mathématicien ; le littérateur, l'artiste, le penseur, le moraliste, tous les meilleurs inquisiteurs du vrai précis, accumulèrent leurs preuves maudites, *scientifiques*. L'idée de Dieu ne pouvait leur résister et par eux le monde serait libéré à jamais ! Ils se devaient à eux-mêmes de poursuivre un tel « mensonge ».

Ils ont donc réussi, ces *honnêtes* chercheurs : ils ont trouvé. Peu de choses dans tous ordres leur demeurent inconnues. Ils ont scruté et analysé tout. Ils ont divisé, examiné, expérimenté tout. Ils s'étonnent eux-mêmes, ils sont émerveillés de leurs inventions prodigieuses.

Dieu cependant active leurs travaux, Dieu les inspire secrètement, Dieu les pousse vers des connaissances toujours plus complètes de sa création.

Malgré cette aide, malgré ces puissances intellectuelles, voici qu'ils s'arrêtent... En effet, *qu'ont-ils donc vu ?* Qu'ont-ils donc découvert tout à coup ? Pourquoi hésitent-ils ? Pourquoi ne se louent-ils plus orgueilleusement de leurs calculs, de leurs expériences scientifiques ? Qu'ont-elles donc produit ? Quelles sont « ces images », quels sont ces fait précis, dont tous s'entretiennent?

L'homme était parvenu à captiver la lumière et à la faire servir à lui représenter les objets qui l'entourent. Pourquoi maudit-il la lumière ?

L'homme, le chimiste, avait poussé si loin l'étude des molécules indéfinies et dès forces réciproques qui les unissent, qu'il se jouait d'elles et de leurs compositions. Pourquoi le chimiste redoute-t-il ces merveilleuses réactions? Pourquoi insulte-t-il les éléments et leurs simples propriétés naturelles? Que lui ont fait l'air et le temps ?

Il aimait l'histoire, la tradition. Pourquoi aujourd'hui lui semblent-t-elles toujours menteuses? Il connaît la lente évolution intellectuelle que lui-même a subie, il sait que telle connaissance s'inscrit à telle date et pas à une autre.

D'où vient qu'il essaye en ce moment de mal examiner un constat *scientifique* et d'échapper, par les plus faux raisonnements, à l'enseignement qu'il renferme ?...

Dieu, laissant l'homme s'absorber dans la science, a voulu l'aider à se sauver *par* la science : d'elle devait lui venir le salut. Beaucoup du moins prendront cette voie. Et qu'ils ne soient

pas assez coupables pour la négliger : l'heure
de leur vraie gloire, l'heure de leur vraie délivrance semble luire.

Ils fuyaient, ils discutaient Dieu, ils en sou-
riaient ou voulaient l'ignorer. « Personne ne
l'avait vu !... » La matière seule pour eux
existait ; ils la touchaient, la sentaient, la
connaissaient. « Elle ne peut tromper, elle est
exacte en elle-même, elle est inconsciente,
honnête ; elle ne ment pas, la matière. On peut
se fier à elle, à ce qu'elle démontre. On ne peut
la nier... »

C'est ce qui arrive principalement, lorsque
Dieu commande que la matière étudiée confirme
son verbe :

Or, qu'a-t-elle forcé l'homme à voir et à comprendre... à Turin ?...

Qu'est-ce qu'elle a révélé sur le *Suaire de
Turin ?*

. . . .

Comme nous, à genoux, donc !... savants de
bonne foi...

22 MAI 1902

« SES CONSEILS »

— En route pour la sainte Russie.

... Les glaives étincelèrent joyeux et s'abaissèrent, les drapeaux s'inclinèrent, et il partit à travers les tonnerres fulgurants...

Petit, bien petit il se sentit, lorsqu'il flotta en pleine mer... Elle est imposante, la mer, elle se joue des *présidents*, comme des humbles matelots. Cependant, elle consent à différer ses froides colères et à faciliter le voyage. Il se rassure donc : l'appareil guerrier, la pompe qui environne le personnage, l'aident à soutenir son rôle.

Il ne fait que de le commencer et il s'applaudit de ce qu'il semble l'avoir déjà assez bien rempli. Il en reçoit les assurances officielles et sa vanité tenace le soutient. Il espère, sans trop de difficultés ou de fautes lourdes, accomplir toute sa tâche glorieuse. Rien ne l'y avait préparé, et son esprit se réjouit de ses dispositions naturelles à se plier aux besoins et aux emplois divers des plus hautes charges.

Tous, avec une peine grassement rémunérée, les lui facilitent ; il ne s'en rend pas compte.

Les événements et les progrès s'imposent aux hommes, aux nations. Celles-ci se rapprochent au-dessus et souvent *malgré* leurs chefs. Lui, il ne sent pas qu'il n'est qu'un petit instrument bien imparfait. Comment pourrait-il le comprendre ? Ne vient-il pas en effet d'entendre les grands personnages de l'État glorifier son *auguste et précieuse* humanité ? Les pouvoirs civils, les pouvoirs religieux à l'envi l'ont encensé... Au fond, de toutes ces cérémonies, il a beaucoup pris pour lui. Quel homme eût pu se défendre contre toutes ces louanges, contre de tels témoignagnes, un peu trop outrés ?

Les vagues le calment, l'immensité et ses réelles forces le contraignent à réfléchir. Qu'adviendrait-il, si en ce moment il avait à rendre compte de lui-même, de ses actes, à Celui qui *préside* à tout... sans les Loges scientifiques ?...

Il ne perd pas le temps même de son voyage ; il songe donc à ce qu'il affirmera là-bas... au pays ami, dans ce pays où la France entend souvent des assurances de fraternel dévouement et d'union. Il veut être pleinement utile et non pas un simple porte-parole, un modeste et consciencieux envoyé, un haut fonctionnaire en mission vers un puissant empire. Il entend bien prouver sa valeur personnelle, qu'on néglige trop souvent. On verra ce que son expérience des affaires publiques lui a appris. On sera étonné de ses pensées, et ceux qui l'ont dirigé de ce côté, ses mandants politiques, ses nationaux, seront surpris de tout ce qu'il possède de finesse et de science acquises. On cite parfois les diplomates fameux, les profonds politiques, conducteurs de peuples... « La race en est-elle donc éteinte? La France moderne n'a-t-elle plus de grands citoyens?... »

Les bénédictions du départ lui porteront bonheur et le rempliront des grâces nécessaires. Il est tout comblé de vœux pieux, et les anciennes formules, dignes de nos rois, lui ont été appliquées. Quel viatique pour ce croyant *singulier* !...

Voici encore qu'il apprend un nouvel honneur : il reçoit « la Toison d'or » !

Le chef du pouvoir exécutif dans une grande nation ne peut-il tenter de s'égaler aux vrais princes?... Oublieux de l'état de la République actuelle, il se sent cette noble ambition...

N'en déplaise à beaucoup, à tous ceux qui

osent réfléchir et juger ces faits, à tous les réfractaires aux idées sottement dominantes parmi les gratifiés ministériels, c'est bien aussi « à ses vertus personnelles » que s'adressent ces distinctions ; c'est à son mérite privé, bien soutenu par les Loges, que les puissances européennes rendent justice : elles ne croient pas entièrement certaines médisances politiques, elles veulent ignorer ce qu'il a accompli ou contresigné, et pourquoi, en dépit de son passé, il fut porté si haut. Chacun des potentats actuels accepte les difficultés et l'irresponsabilité d'une « situation constitutionnelle », et n'oublions pas que la France est encore riche...

On a les amis qu'on peut et qu'on mérite : il faut parfois les défendre, malgré leurs crimes ; on risquerait, sans ces complicités maçonniques, de rester en route. Et qui posséderait, dans ce cas, la suprême direction ? Et qui occuperait en ce moment la première place ? Les rois, les empereurs sont satisfaits de le sentir là, et la preuve... c'est qu'ils le saluent à peu près tous, suivant l'habitude protocolaire, à leur court passage à Paris, et, comme son prédécesseur, ils l'invitent et le décorent à profusion. « C'est bien un peu pour le pays. » Il le sait, il le sait... Il n'est pas insensé ou maladroit, autant qu'on pense, et de nouveau, il se jure tout bas de se montrer étonnant. Chacun prouve sa gratitude à sa façon ; chacun fait oublier ses ministres comme il peut.

Il est stylé, autant que sa nature et son éducation le permettent... Tout est d'ailleurs réglé et plusieurs l'entourent pour lui éviter quelque manquement, quelque sottise. On les oublierait, s'il en commettait, c'est convenu aussi : il n'en serait point parlé. Lors d'une précédente visite d'un président français, le cérémonial s'accomplit congrûment. Celui-là était, à vrai dire, plus affiné, plus éduqué, plus accoutumé aux fêtes et aux joies.

Cependant, les choses certainement iront à souhait, et dès l'instant il ne veut plus songer qu'à l'heureuse et adroite façon dont il va savoir apparaître dans l'histoire, chargé ainsi des désirs de deux grands peuples. On l'appelle, on le fête...

Il est prêt, il est digne, et le prouvera...

II

Il y aura, c'est supposable, quelques moments d'intimité, où l'étiquette et ses contraintes cesseront un instant, où ils causeront, lui et l'Empereur. « Félix » prétendait avoir eu de ces heures exquises. Ne se sont-ils pas déjà appréciés ? N'ont-ils pas échangé déjà quelques rapides aperçus ? Il complétera ces conversations antérieures et, par le développement de quelques théories gouvernementales, il se propose, pour sa satisfaction d'abord et de plus pour reconnaître l'alliance russe, de conseiller ce qui lui apparaît, ainsi qu'à quelques amis, de la plus prochaine utilité et nécessité. Tout un plan d'immédiates réformes sera exposé et ces mesures viseront les intérêts extérieurs et intérieurs. Une nation ne peut s'immobiliser : « l'autocratisme, même mitigé, n'a qu'un temps ».

Oh ! ce sera dit discrètement ; on peut bien l'imaginer. Les précautions prudentes, les réserves habiles seront de mise. Il n'y faillira pas, il prépare à l'avance des phrases, des déductions. « On sait présenter la vérité aux princes... » Mais la leur cacher, est-ce vraiment leur être dévoué ? Pour lui-même, il ne demande qu'une chose, c'est qu'on la lui dise, c'est qu'on lui prouve s'il agit mal ; c'est qu'on lui démontre les responsabilités, où il s'entête, tout prêt même à céder son rôle à un plus digne, à un plus ferme, en face de la révolution menaçante. Jusqu'ici il se persuade qu'il suffit amplement à la contenir, et qu'il ne la prépare pas, surtout ; et ses avis, ses directions ne peuvent être dangereuses ou sottes pour le chef d'un empire dont les mœurs et les tendances diffèrent cependant grandement de notre République, de cet empire, qui, grâce à ses sages institutions, se développe chaque année et augmente sa puissance aux yeux jaloux de l'Europe.

Et d'abord l'armée, celle de terre, celle de mer... Comment ne pas y songer de suite, entouré comme il l'est, comme il va l'être : les canons, les armes, les troupes... le gênent, l'éblouissent, l'inquiètent. Cette force, cette institution, cette cohésion entre les meilleurs citoyens d'un pays, cela peut être dangereux, pour un gouvernement, pour quelques citoyens, détenteurs sans contrôle effectif du pouvoir. Ne peut-elle être tentée, l'armée, de faire triompher le bien, la justice ?... Ne peut-elle s'opposer à quelques réformes appelées *libérales,* décrétées par les intellectuels? Doit-on la maintenir nombreuse, magnifique ?...

Cela ne sera pas facile à expliquer à l'Empereur. Comment lui affirmer qu'elle ne doit pas être si nationale, si glorieuse, si respectée; comment lui faire comprendre les progrès qu'il doit décréter également dans ce sens, les réformes qu'il doit édicter, sans se laisser guider plus longtemps par la tradition et les idées de son peuple? Mais on ne lui demande pas de tout bouleverser en un jour : il peut petit à petit changer un tel état d'esprit; diminuer l'importance du haut commandement, prendre d'abord comme ministre de la guerre un civil, de même faire diriger la marine par un négociant intelligent, ou un ancien médecin; ne pas laisser les généraux s'illusionner sur leur valeur ou leur utilité en temps de paix; supprimer quelques crédits toujours excessifs; modifier la justice militaire, et par la presse, enfin, préparer de plus profonds changements. Le prince donnerait l'exemple de toutes façons, et par quelques détails il ferait entendre qu'il y a quelque chose de changé à la suite de cette visite. « On sait en France traiter l'armée comme elle doit l'être, actuellement ! » Le prince pourrait ne plus se montrer qu'en tenue civile, ou mieux sous la tunique de simple soldat. Quel enseignement !... « Lui-même, il se passe bien d'uniforme. Quelques ornements, et c'est tout. »

Qu'on n'exagère pas injustement ce qu'il se propose de développer, mais qu'on le sache bien, il ne perdra pas ce séjour à la cour. Et même, il regrette de ne pouvoir s'arrêter au retour, soit en Allemagne, soit en Danemark. Il planterait quelques jalons. C'est principalement par l'armée qu'il faut commencer, si l'on veut n'être pas *dérangé*. Dans ces autres pays, il serait plus réservé. Mais qui le blâmerait de sa franchise, vis-à-vis de la nation « amie et alliée » ? C'est faire nos affaires, fin de compte, que de la conduire vers le mieux, « vers une sage évolution ».

Il parlera naturellement de quelques autres réformes législatives : par exemple, de plus de liberté à accorder à la presse. « Il faut compter avec cette puissance, Sire ! » Et les communes, et les sociétés financières ? Et les corporations ? Et les associations ? Que de franchises à leur donner, que d'entraves à leur enlever !... Que de constitutions à accorder ! Que d'autorités à faire disparaître ! En Russie, certes, il y a de timides applications de collectivisme, mais Millerand... Il paraît que celui-là a indiqué ce qu'il convient de refaire ou de développer.

Quant aux finances, le sujet est délicat, si

délicat qu'il hésite ; sa position de créancier important le gêne. Enfin, il s'inspirera du moment et graduellement il insinuera qu'il y a déjà beaucoup d'emprunts, mais que s'il doit en être émis de nouveaux, ce soit chez nous et à des conditions vraiment amicales. Il serait conduit à prêcher un peu l'économie, ne serait-ce que pour ménager les bourses françaises. Mais, comment oublier ce que son ministre des finances lui a confié en partant ?... Puis, sur ce chapitre, il sera tout amené à établir victorieusement l'utilité des financiers *juifs*. De là, à défendre « cette race de choix » !... Il adoucira ce terme. Bref ! il causera une telle impression que quelques mesures *salutaires* seront bientôt rapportées. « Croyez-moi, Sire, le juif, c'est l'ami... »

Il continue ses réflexions, il organise et classe ses observations, qu'il se fait un devoir de présenter, suivant l'occasion. Un mot souvent suffira. Ses ministres compléteront. Il n'est point chargé de faire toute la besogne, heureusement. Le plus difficile, toutefois, il se l'est réservé. Et il abordera l'obstacle, il n'a pas reculé souvent en face des responsabilités. Il parlera de la religion, il parlera *du clergé*. Avec un certain respect, mais clairement. On connaît ses sentiments et ses sympathies ; il fréquente quelques prêtres, il sait prier à sa manière, à ses moments. Qui l'incriminerait sur ce chapitre si important ? Il dira tout franchement ce qui s'est passé en France, ce qui s'y passe trop souvent encore : l'ingérence du clergé, ses dangers, sa tyrannie captieuse, les difficultés qu'il sait créer à ceux qui voudraient l'utiliser pour son bien. « Voyez où nous en sommes, défiez-vous des mêmes périls. Trop de popes, trop de monastères, trop de respect extérieur pour Dieu, trop d'églises, d'icônes ! Les soldats prient publiquement. Le prêtre peut faire le bien social et moral. L'Empereur s'avoue le serviteur de Dieu, pour la gloire de son peuple. Ce ne sont pas les mêmes prêtres, c'est vrai, mais le cléricalisme, voilà l'ennemi. N'ayons pas peur de colporter cet axiome des républiques maçonnes. » Et ce sera dit, et ce sera d'un sûr effet, à la longue. Il se fera toutefois un devoir d'entrer dans tous les lieux pieux, où son hôte le fera honorer. Il faut se conformer aux usages en voyage, et Paris est loin...

.   .   .   .

.   .   .   .

La cloche tinte, c'est l'heure fixée pour la

prière à bord ; s'y rend qui veut, et qui le peut, suivant son service.

Le Président, surpris de ce bruit, a entr'ouvert la riche portière qui abrite sa chambre. Il aperçoit à genoux un petit Breton, un matelot, simplement et pieusement...

En lui, c'est la France qui sait toujours prier, la vraie France, celle que devine et estime l'étranger et à laquelle il s'adresse, à travers ceux qui la gouvernent et qui ne peuvent empêcher son cœur de battre, et tous les braves gens du monde entier de le sentir vivant, et fier, et toujours français, mais qui doit *savoir vouloir*... (Waldeck et Lanessan n'y peuvent rien ; Monis et Millerand, pas davantage.) Le Président, lui aussi, s'épuisera et disparaîtra avec ses prétendues bonnes intentions, défendu par ce ministère ou un autre; il disparaîtra avec son habileté personnelle, ses conseils, ses agents et leur bande, ses complices secrets, les juifs, les maçons, et leurs *boutiques*.

L'Empereur bienveillant, à son tour, pourrait aussi le conseiller ; il lui est impossible de se rendre bon compte du point, où nous en sommes. Puis, il ne serait ni écouté, ni cru. Lorsque les Loges tiennent un individu soi-disant libre, il demeure incapable à jamais, il ne peut se libérer de leurs ordres, il faut *qu'il serve*. Le pays le comprendra de plus en plus, et imposera sa volonté souveraine et honnête, en renvoyant tous ces mauvais employés, ridicules et dangereux.

. . . .

« Le petit père des Russes » aura le courage habile de remercier gracieusement notre représentant de ses conseils.

Qu'est-ce que tout cela nous attirera ?... Qu'est-ce que produira certainement la plus humble prière d'un petit matelot?...

NOS BONS PAPISTES

— Ils font encore graine...

Lui d'abord, lui que l'intérêt des Loges, qui connaissent sa complicité voulue, a poussé et maintenu à la première place, il se dira *papiste* : il fera l'éloge de la politique papale, il en applaudira les résolutions, il en goûtera les habiletés mesurées, il en vantera l'opportunité : c'est un fidèle admirateur, un respectueux partisan « du Saint-Père ».

Il se fait un devoir de faire connaître de tels sentiments en mainte occasion. C'est chez lui plus que de la politesse diplomatique, et il veut que nos représentants à Rome soient ses interprètes et transmettent discrètement ses assurances quasi filiales et presque pieuses. Nos chefs d'Etat, dans notre glorieux passé, se sont honorés de la sorte : donc il entend, lui, les surpasser et prouver que « l'élu des bons maçons » saura se montrer encore plus franchement dévoué.

Il obéit aux injonctions de *ses* maîtres, il

n'est qu'un instrument docile, il signe et contresigne tous les règlements et décrets qui peuvent le plus nuire à l'Eglise ; malgré ses actes réfléchis, il ose demander qu'on explique, qu'on excuse cette conduite publique : quand on est prisonnier d'une constitution, on est vraiment bien malheureux, et qui pourrait dire ce qu'il y a de cruel dans sa situation, en apparence si simplement aisée et lucrative ?

« Un président, c'est un pauvre homme : sentir, en effet, ce qu'il faudrait faire et ne pouvoir l'accomplir, s'apercevoir des mauvais effets des décisions gouvernementales, pressentir celles qui seront encore plus dangereuses pour la liberté des serviteurs du Pape, *être papiste* au fond, vénérer cette grande figure de pasteur suprême, s'incliner moralement devant cette autorité nécessaire, avouer qu'elle domine les potentats et les présidents républicains, aimer le Pape... et cependant continuer à le gêner efficacement, être le précieux agent de tous ceux qui le combattent et qui bien évidemment ont résolu de gêner son Eglise et ses sujets. »

Quel singulier martyre ! Quelle position peu enviable et à peine comprise ! Sera-t-elle jamais estimée comme elle le mérite ?... Et cet état d'hier, il se poursuivra demain... Et les catholiques ne sauront pas être justes... et se poseront en accusateurs et en juges... Est-ce que les devoirs de certaines charges sont si faciles à remplir, honnêtement? Qui ne serait tenté de les abandonner?...

Papiste encore, et publiquement, sans crainte de scandale et de contradiction, le chef de l'équipe ministérielle actuelle. Celui qui vient habilement de quitter ce poste, l'était aussi très certainement. La majorité docile et dressée par lui à obéir ne peut mieux faire que de suivre ses nouveaux directeurs ; aussi a-t-elle applaudi certain passage des déclarations de son ministre de l'intérieur et *des cultes*.

Entendez-les donc tous vanter « *le grand vieillard* » : ils sont saisis d'émotion à sa pensée, ils y sont sensibles, reconnaissants, ils voudraient l'être davantage, ils regrettent que leurs engagements maçonniques ne leur permettent pas de déserter le triangle pour se ranger sous la croix. *Ils récitent des encycliques*, nos respectueux républicains, ils en pénètrent la pensée, ils vous les expliquent à leur façon, et voyez leur colère, lorsqu'ils accusent trop souvent les catholiques de ne pas savoir les comprendre, suivant « leurs » explications personnelles intéressées... Ils nous font rougir, ils nous font honte !

Eux sont les bons serviteurs de notre Saint-Père, eux agissent suivant son cœur, eux s'identifient à ses désirs. Qui prétend donc que les « convents » sont institués pour les ruiner ? Quelque idiot *réfractaire* aux injonctions papales, sans doute... Tout le mal vient de cette ignorance coupable, de ces erreurs têtues : « Il n'y a plus, convenez-en que les maçons à être papistes. »

On se plaint de certaines lois, injustes, anti-françaises ; elles ont été nécessaires, les républicains ministériels ont été contraints de les fabriquer, afin de mieux seconder les vues papales. Les congrégations de toute sorte en pâtissent... A qui la faute ? Celles-ci principalement n'ont jamais connu les ordres qui leur venaient de Rome, celles-ci n'ont jamais voulu croire et suivre les francs-maçons. C'est un terrible malentendu, vraiment. Quand cessera-t-il ?...

A force de prouver leur dévouement et leur estime, tous nos philosophes politiques, nos intellectuels, impartiaux et subtils, auront leur récompense, cela s'impose, ils y comptent : « Bientôt paraîtront des ordres, auxquels il faudra bien obéir, messieurs les réguliers. »

« Vous vous ferez affilier, et espérons qu'il ne
sera pas trop tard, et que les suprêmes pontifes
laïcs ne vous tiendront pas rigueur, de façon à
rendre votre soumission ridicule. »

Ceux qui nous *édifient* encore plus, ce sont nos
« mauvais » abbés démocrates : voilà les vrais et
fidèles soumis aux volontés papales, voilà ceux
qui peuvent nous servir d'exemples !! L'Eglise
ordonne l'obéissance aux évêques, l'Eglise
impose le respect aux supérieurs ; nos agités et
débridés sont guidés par leur seule ambition et
ne se tiennent qu'aux ordres de leurs comités
et de leurs singuliers souteneurs, mais... ils
hurlent leur fidélité à Rome et à sa doctrine, et
tout ce qu'ils entreprennent, veuillez le croire,
est pour le plus grand bien de l'Eglise catholique : *ce sont des papistes* convaincus, respectueux, presque agenouillés.

On leur fait voir leurs actions politiques
douteuses et plutôt nuisibles, on leur prouve
leur sotte et offensante indépendance, on établit
les conséquences de leur conduite publique, on
étale les résultats de leurs leçons et de leurs conseils indirects. On démontre qu'ils se moquent
de leurs évêques. Ces perfides démocrates chrétiens vous maudissent rageusement et jurent

que personne, mieux qu'eux-mêmes, n'est plus en communion avec Rome, et qu'aucun citoyen, qu'aucun catholique ne peut être plus utile à la cause de la religion et de la France. Le pays ne doit être libéré que par eux...

Ils n'avouent pas, ces bons apôtres, quels sont leurs amis et soutiens, ils ne font pas savoir, hypocritement, le fond de leurs doctrines ; mais ils ne se rendent pas compte qu'ils se trahissent eux-mêmes, et ils oublient surtout qu'il existe des instructions papales qui les condamnent. Ils sont *assez eux-mêmes* et assez révoltés pour les discuter et oser dire que ces jugements s'adressent à d'autres. Leur comédie ne vaut pas même celle des fidèles avoués des Loges, les *francs*-maçons...

Le premier citoyen du pays et ses hauts employés, son entourage et ses surveillants, son chef de ministère et les *numéros* marquants de cette bande, notre majorité gouvernementale et entièrement soumise et résolue aux pires besognes, les fonctionnaires, les gratifiés, les agents de toute sorte et que nous entretenons, tous se faisant écho et répétant l'utile mot d'ordre, *tous papistes* — l'abbé Combes en tête !... Celui-là sait ce que cela veut dire : estimons sa bonne foi ! Elle prime celle des autres.

Est-ce que les vrais catholiques ne seraient pas amenés à dire qu'ils ne le sont plus? On saisit bien ce qu'ils voudraient faire entendre...

Est-ce que les vrais catholiques pourraient l'être à la façon de tous ces *farceurs*? Est-ce que le pays sera dupe de ces mensonges scandaleux? Est-ce que le clergé *régulier* ne sentira pas le piège odieux de cette comédie politique? Faut-il que d'autres événements viennent s'ajouter encore à tout le passé antireligieux de ces dernières années pour démasquer cette manœuvre maçonnique? A-t-on peur de juger et de prévoir ces désastres?...

Voilà quels sont les *amis* de l'Eglise !... Avait-on tort de les faire *apprécier*, depuis longtemps, au risque d'être traités d'exagérés?

En face de ces prétendus dévouements et de ces faux respects, méprisant de telles protestations finaudes et ne pouvant oublier les œuvres mauvaises déjà accomplies contre l'âme de notre patrie, ne peut-on dire, dans un certain sens et respectueusement, «que le Pape va cesser d'être papiste ».— Et cela, à l'encontre des maçons et de leurs trop dévoués complices : Président, chefs des affaires supérieures, employés et députés, troupes de nos fonctionnaires, abbés faussement démocrates, socialistes chrétiens, et autres *démuselés* de même acabit, qui ont inventé ainsi une suprême injure.

. . . .

Quant au pays, malgré lui..., ils lasseront sa patience...

— 8 JUILLET 1902 —

DEUX ANS,

LES MAITRES D'ÉCOLE !...

Monsieur *notre* député,

Vous êtes bien *à nous*, n'est-ce pas ?... Nous le savons mieux que personne, vous et moi. Cela vous a coûté une petite somme, et à moi quelques peines et fatigues, et pas mal d'ennuis. C'était, bien entendu, le devoir officiel ; les ordres maçonniques nous imposaient cette besogne politique ; l'Inspecteur avait presque menacé ma femme d'un changement vers un poste inférieur ; j'ai donc *marché* activement pour vos intérêts et j'ai affirmé que vous seriez, avec vos amis, utile à notre pays et à toute la *congrégation* des instituteurs. Établissons donc les choses et les points d'une sorte d'engagement réciproque, Monsieur *notre* candidat.

C'était mon intérêt du moment, plus ou moins bien compris, d'accord ! Je ne vous ai pas, par contre, volé vos frais, croyez-le bien, car ce n'était pas facile de prouver votre capacité dans notre arrondissement et il a fallu quelques ruses et quelques *inexactitudes* (qui pourraient bien être découvertes avant peu) pour vous faire triompher. Les cabaretiers nous ont beaucoup aidés, avec un zèle facile à comprendre. Oui, je reconnais leur utilité alléchante.

A ce propos, il vous reste encore quelques notes à payer. Mais vous devez échelonner ces payements ; prévenez-en même la préfecture, afin que vos adversaires soient moins au courant de vos fortes dépenses électorales. J'en solderai petit à petit quelques-unes, personnellement, et vous me rembourserez.

Voilà ce qui s'est passé, et ce qui est.

Vous pressentez déjà, au ton de cette lettre, ce que je dois éprouver. Vous y lisez que je ne suis guère satisfait de vos votes.

Nous avons eu dernièrement une réunion : mes collègues pensaient comme moi.

Peu importe, de plus, la manière dont je vous exprimerai nos sentiments et nos craintes légitimes, et peu importe encore la façon que j'emploierai pour vous les faire connaître sûrement et contenter mes amis de l'enseignement communal. Au point où nous en sommes, en face de l'état de choses créé par vous, vous qui êtes *à nous*, il n'y a pas à s'arrêter à telle ou telle petite mesquine considération.

Il ne faudrait pas, paraît-il, disent quelques Loges, mettre telle ou telle presse au courant de nos difficultés et de nos impressions pénibles. « Lavons secrètement notre linge sale, dans la grande famille maçonnique. » Cela n'avanceà rien et ce n'est pas si *malin* que vos amis persistent à le croire et à le pratiquer.

Eh bien ! vous nous la « fichez belle » et vous venez, avec *les autres*, de faire de jolie besogne législative. « La patrie? la patrie !... » Allez-vous donc devenir tous patriotes ? Ne jouons pas au fin, entre affiliés, n'est-ce pas. N'y a-t-il qu'un unique moyen d'être vraiment utile au pays ; n'a-t-il plus besoin de *bons* instituteurs, capables, dévoués, nombreux, encouragés, attirés, récompensés enfin ? « Cela embêtera les curés !... » Mais, *et nous*, notre député, y avez-vous bien songé ; avez-vous pensé aux maîtres d'école, que vous utilisez un peu maçonniquement, trop souvent?

Comment le gouvernement, comment la majorité ministérielle ont-ils pu imposer à la France — dont vous parlez un peu dans votre profession de foi — une charge aussi absurde, aussi antinationale ? Comment les grandes Loges ont-elles décrété cette nécessité et promulgué ce faux *credo* militaire ?

Il faut que nous allions deux ans au régiment, il faut que nous *fassions deux ans!* Deux ans, tout le monde... deux ans, les maîtres d'école ? « Il leur arrivera ce qu'il leur arrivera... tant pis et tant mieux !... Cela les aguerrira, les assouplira, les domestiquera, et nous les aurons encore plus à notre discrétion... Ils nous *doivent* cette entière abgnégation civique... »

Vous ne vous rappelez donc plus ce que vous nous faisiez dire contre l'armée, contre l'esprit militaire, les *servitudes* militaires ? Les gens des communes vont sourire, à leur tour, car nous allons être commandés de bénir ce nouveau régime. Les séminaristes nous auront, sans exception, comme compagnons. Le prêtre, l'instituteur laïc logés à la même enseigne et *gênés* tous deux également !... Les grands pontifes, dont « les fistons » seront tous cardiaques ou myopes à volonté, s'en moquent... mais cette égalité nous agace.

Il faut que le maître d'école soit appliqué à l'école *le plus tôt possible*, voilà le bien de notre nation. A la fin, allez-vous nous voler nos plus intimes pensées, nos plus honnêtes convictions ? Est-ce que nous ne sommes pas bons juges, ici, bien qu'intéressés ? Oui ! *un an*, — et c'était suffisant, — et si le curé de chez nous n'est gêné qu'*un* an, eh bien ! il n'y a pas grand dommage. Vous nous ferez devenir justes pour tous, à force de nous tyranniser.

Vous rivalisez vraiment de maladresses... Tenez, il était nécessaire que ce fût dit et écrit, par moi ou d'autres. Ah ! vous nous donnez *joliment* du cœur à l'ouvrage ! Tout a été si vite *bâclé* que je n'ai pas pu vous avertir plus tôt. Il m'est impossible de vous donner en ce moment plus de détails ou d'autres nouvelles. En résumé, vous mécontentez gravement vos électeurs, chaque groupe vous l'expliquera.

Vous moquez-vous, en effet, des besoins de vos votants ?... Et les soutiens de famille, deux ans ! Et les pauvres, utiles à leurs parents, et même les demi-infirmes, deux ans !... Et nous, qui devrions ne nous adonner qu'à nos seuls devoirs pédagogiques et de premiers éducateurs, il nous faudra expliquer, légitimer même ces lois militaires nouvelles !... Je voudrais bien savoir comment vont nous évangéliser, sur nos obligations aggravées, monsieur l'Inspecteur et l'agent électoral de la préfecture.

Nos parents, à tous, avaient fait de grands sacrifices : ils devront attendre deux ans et plus, avant de nous savoir placés. Vous me pouvez objecter qu'il y a trop de demandes : nous savons bien au contraire que vous manquez d'instituteurs et que vous ne pourrez en fabriquer à la minute. Et vous les découragez !... Et il semble même que vous vous en applaudissez.

Ils vont tous douter de vous et de votre sollicitude politique. Et vous voulez rester quatre ans aux affaires publiques ! Cela nous coûte et nous coûtera cher.

Recevez l'assurance de mon zèle amoindri et l'hommage de mes sentiments républicains, mais libres...

Pour copie:

2 AOUT 1902

« LES SŒURS !... A L'ÉCURIE »

Entendons une religieuse écrivant à ses père et mère, après son expulsion :

« ... Oui ! mon cher père et ma chère mère, et vous tous nos parents et amis de X..., oui !... j'ai été mise à la porte et jetée à la rue, avec mes autres compagnes, et toutes, nous avons dû quitter brusquement notre tâche ; nous l'accomplissions cependant de notre mieux, et ce qui le prouve, ce sont les cris de regrets qui nous ont saluées et qui nous émeuvent encore.

« A peine arrivée à notre maison-mère, j'ai obtenu permission de vous écrire, afin de vous tranquilliser ; grâce à Dieu, nos santés sont encore suffisantes, malgré nos craintes et nos fatigues... Que bientôt on nous renvoie... à nos chères écoles, à nos pauvres vieux malades, à nos tout petits ! Ils nous tendent les bras, nous les voyons toujours... Pourquoi nous avoir privées d'eux ? Est-ce bien certain qu'il existe une loi *humaine* qui le commande ?

« Dans quelques jours, je serai près de vous, j'ai besoin de vous voir, j'ai besoin que vous embrassiez *votre expulsée* et que vous sachiez que, bien que soumise, elle frémissait d'être insultée. « A l'écurie ! » Mon cher père, veuillez donc m'y garder place, on me pousse vers nos bonnes bêtes, vers l'étable ; elles sont moins brutes que les *sauvages* qui faisaient souvent l'officielle comédie de nous protéger...

« Vous avez lu dans les journaux le détail de cette journée, où les catholiques ont tenu à honneur de nous récompenser pleinement de nos peines, en venant nous seconder et nous assister. Nous avions tout mis à sa place... Nous attendions donc que les différents ordres de nos supérieurs immédiats nous autorisent à *déserter*... de force. Ils ont dû l'exiger de nous, la mort dans l'âme, et ils ont dû admettre la *nécessité* des mesures, qui nous rappellent à notre « siège central ». Après une dernière prière, nous avons gagné la rue, honteuses et glorieuses à la fois, contraintes, fières, tristement émues, vous le pensez bien, mais la tête bien haute !...

« Quelle foule ! Quelle cohue hurlante ! Comment reconnaître les amis de ceux qui croient utile de nous vouloir du mal ? Chacune

de nous était accompagnée par une vraie chrétienne, par une vraie Française, une digne mère
de famille pour la plupart; peu importe son
rang. Elles nous soutenaient, nous encou-
rageaient, nous défendaient... Hélas ! mon
père, il paraît qu'il en était besoin ! Cela est
honteux pour tous les énergumènes et pour
tous les fous qui nous couvraient d'injures.
Qu'est-ce que nous avons donc fait de mal ?
La première pensée était celle-ci : on nous
attaque, on nous accuse, arrêtons-nous, et ici,
publiquement, qu'on nous juge, et qu'on
nous délivre...

« Toujours donc soutenues par les braves
mères de famille, dont nous avons, de notre
mieux, élevé et gardé les enfants (essayant de les
suppléer un peu près d'eux), toujours accompa-
gnées par les dignes femmes,—plusieurs étaient
de grandes dames, dont nous avons soulagé
quelques misères,—bras dessus bras dessous,
étroitement liées contre la foule, plusieurs fois
inquiétante, enfin... nous voici à la gare, et
bientôt dans le train.

« Aurais-je jamais pu penser quitter ainsi
cette ville où ma Mère supérieure, et vous,
m'avez envoyée servir Dieu dans la personne
des souffrants et des plus humbles ?...

« Et cependant, il convient de bénir cette rude épreuve, et de ne pas dire qu'elle semble injuste. Je m'accuse de l'avoir un peu pensé. C'est si [antichrétien, si antifrançais, si *contre-peuple*... ce qui vient de se passer, qu'on serait tenté vraiment d'accuser plus d'un... de beaucoup d'ingratitude et d'injustice. Car, n'oubliez pas, chers parents, que depuis longtemps nous étions en règle, autant qu'il était ordonné de l'être et que nous avions le droit d'être tranquilles. Ceci est difficile à expliquer, de loin ; mais redites-le.

« Nous ne pouvons toutes rester ici. Peut-être y reviendrons-nous toutes, après quelques aménagements. En attendant, j'aurai le bonheur, avec les autorisations nécessaires, de me rendre près de vous. Je bénis et je regrette à la fois ces événements. Vous voir m'est bien agréable, mais dans quelles circonstances ! Songeons aussi que beaucoup parmi nous n'ont plus de famille...

« D'autres encore ne pourraient être reçues facilement parmi les leurs. A-t-on voulu raffiner nos ennuis et nos difficultés ?

« Mais ces considérations sont secondaires. Le principal, c'est que Dieu a centuplé nos forces et nos courages. La souffrance, le malheur, le deuil nous appartiennent : nous sommes en règle avec Dieu pour posséder ces biens-là. Veut-on vraiment d'ailleurs nous les disputer? Les tout petits nous réclament. Les mères nous les confient avec joie. Ah ! si vous aviez entendu leurs appels, vous auriez été fiers de votre fille et de son œuvre : le peuple sait rendre justice et saura l'imposer. C'est un humble et ardent vœu que je puis former pour son bien et celui de notre pays.

« A l'écurie ! » Mais... on y peut donner la classe, tout de même, et c'est *ordonné* aux malades de vivre dans les étables. Si encore... on voulait bien nous y laisser faire le bien, même à ceux qui nous ont presque toutes meurtries, sœurs et pieuses laïques subissant les mêmes poussées outrageantes !...

« Pouviez-vous croire, chers parents, qu'on en arriverait à huer et à chasser les sœurs ? Il y en a quelques-uns, dans notre commune, qui affirmaient que cela n'aurait jamais lieu. « C'est pour peu de temps », vont-ils dire... Espérons que cette fois ils auront raison et que l'avenir nous sera bientôt meilleur. On nous l'a promis, et nous voulons y compter.

« Donnez ces quelques détails — confirmatifs — à M. le curé, joignez-y mes humbles respects. Enfin, ce digne pasteur me fera bien aussi place dans les *servitudes*... du bon Dieu, et m'y emploiera, ne serait-ce que pour les catéchismes...

« Le diable et ses amis ne peuvent ignorer que nous sommes résolues *à tout* et que les œuvres de charité et d'éducation chrétienne s'élèveront et dureront malgré ses sottes griffes, et toujours plus vigoureusement. N'a-t-il déjà pas senti que de nouvelles forces venaient augmenter les nôtres et les centupler ?

« On nous ferme ceci ou cela ; on nous parque, on nous attache là ou ici, et étroitement on veut nous lier. Chère mère, croyez-vous qu'on retient, qu'on entrave le vrai dévouement? Consultez votre cœur.

« On nous a jetées dans la rue... Eh bien !... Nous pourrions y rester, et peut-être *nos chasseurs* seraient-ils bien gênés de cette attitude *foraine* : l'école libre, la voilà bien, et nous saurions la tenir en « vraies citoyennes ». Ces résolutions ne feront plus rire tous les commissaires, si actifs à toutes les besognes.

« A bientôt ! et veuillez...

. . . .

« Sœur Marie de la Croix. »

« TOUS... OU PAS ! »

Voici que le feu vient de prendre à mon logis et que je crie à l'aide, au secours. Rien ne bouge, et, réduit à mes seules forces, je ne puis éteindre l'incendie. Ma maison a brûlé. Je suis sans abri, moi et *mes petits*. Il eût suffi de quelques gens de bonne volonté...

Que faisaient donc mes voisins, mes proches ? Etaient-ils sourds ou trop occupés ? Je subis une grande perte et je suis désespéré d'avoir expérimenté l'égoïsme régnant. Les gens de cœur sont bien rares ! Je ne puis me retenir de me plaindre à mon plus proche voisin :

—Vous n'avez donc pas entendu mes cris, vous ne saviez donc pas mes dangers ; voyez mes pertes, voyez la situation de mes enfants, vous sembliez vous y intéresser, ils pleurent... Que vais-je en faire ? Vous avez oublié que demain le feu peut briller au sommet de vos toits et que de mon côté, je puis *devenir* sourd.

Auriez-vous donc une raison de votre conduite d'hier, et ne serait-il pas utile que je sache, une bonne fois, comment vous entendez vos devoirs vis-à-vis de moi, votre ami, votre allié. Il y a sans doute un malentendu... Plusieurs peuvent me persuader que vous êtes bien coupable... Vous vous expliquerez nettement, et à l'avenir, nous réglerons ce que la seule paternité, la vraie fraternité et la vraie solidarité commandent. Je vous ai appelé, vous n'êtes pas venu. Pourquoi ?...

— Mais... j'ai bien entendu, dit *l'autre* ; j'ai vu les flammes et les murs crouler, je savais ce qui devait arriver. C'est très malheureux ! Je regrettais vivement ce qui se passait. Certes, vous ne méritez pas cet accident. Je plains vos chers enfants. Ils sont dignes de tous les soins, leur sort et le vôtre sont misérables. L'avenir vous chagrine pour eux : je le comprends, et plus que tout autre je prends part à de telles inquiétudes. Pauvre voisin ! Pauvre ami ! Pauvre père !...

Mais... je ne pouvais, je ne devais pas aller à votre secours ; mais... je ne pouvais remplir mes devoirs de voisin immédiat... N'est-ce pas cruel ? J'étais torturé de cette émotion. Cruelle obligation, fatal lien !... Pendant que l'incendie progressait, je me désolais avec vous. Croyez-le... Quoi ! ne pas pouvoir aller à lui, le soutenir, prendre ma part du sinistre, sauver même quelque peu de son bien, et assurer au moins pour partie et pour quelque temps l'avenir de cette famille, toujours si dévouée !...

Je me rappelais qu'en toute occasion vous vous étiez montré mon fidèle ami et que tous les miens, dans le passé, avaient connu votre abnégation et votre entière obligeance. Ah ! faut-il, faut-il rester ainsi immobile en face d'un pareil malheur ? Faut-il s'exposer à de cruels reproches ? Faut-il s'entendre accuser de traître et de sotte paresse ? Mon bon, j'ai éprouvé tout cela, et tout cela je me le suis dit... jusqu'à la dernière étincelle. Odieuse nécessité !... Ne doutez pas que... que...

— Moi, je ne doute plus, je suis certain que... que vous auriez dû venir sans hésitation, sans retard, sans calcul maladroit, sans retenue rusée et malhabile à la fois, courir au secours de l'ami, qui hurlait ses angoisses et que vous connaissiez être de votre *communion*. On doit même fournir service dans pareille occasion à l'étranger, à l'individu hostile. La charité a ses exigences !...

Il n'y a pas à examiner si la *réussite* est au bout de tels efforts et si telle ou telle autorité encouragera ou approuvera cet acte de vaillant chrétien. Il est certain que les Loges le blâmeront, sous un prétexte judaïque quelconque ; raison de plus pour s'en honorer.

J'ai souffert de votre négligence et mes dommages en sont augmentés ; cependant je suis assez français, assez *dévot* pour sentir que demain je courrais vers vous, avec tous mes gens, avec toutes mes forces, si vous étiez menacé de quelque péril, si vous aviez quelque besoin de mon bras ou de mon cœur.

Vous récompensez un peu durement de tels dévouements... Beaucoup répètent qu'ils n'ont pas assez de vertu pour *ne pas* s'en lasser, et, ne souriez pas si vite, ceux-ci ne peuvent être accusés et critiqués. Leurs changements ne feront donc point oublier que, fin de compte, *j'ai brûlé par votre faute...*

— Ah ! voilà ce que je redoutais : vos incriminations. Vous croyez donc que l'on agit toujours ainsi qu'on le souhaiterait. Combien j'ai souffert avec vous, je le répète ici, avec une sorte de serment désolé. Oui ! je *voyais* qu'il vous serait très profitable que je vinsse près de vous, vous aider vigoureusement, *je voyais*, malgré tout que... vos enfants m'appelaient également, je voyais... qu'il n'y avait guère à différer et à espérer que le feu s'éteindrait tout seul, quasi providentiellement, ou que le *désordré* Combes réparerait ce sinistre ; j'étais persuadé, je l'ai redit déjà, que l'action seule, la *bonne action* est efficace et *sauveuse*, que l'*acte* seul libérera la Croix... Et je n'ai pas bougé !... — Pourquoi ? — *J'attendais les autres...*

Oui ! J'attendais vos autres voisins, ceux qui, comme moi, vous entourent et ont les mêmes devoirs : j'attendais qu'ils les remplissent. Ah ! combien joyeusement je les aurais imités ! Vous m'auriez vu alors à la besogne ! *C'est moi* qui éteins bien le feu, quand je m'en mêle. Mais... les autres ne sont pas venus : ils avaient de très bonnes raisons... je les ai soupçonnées... et j'ai fait comme eux : je suis resté chez moi...

On ne marche bien qu'ensemble, on ne fait *ce* salut que de concert. Il faut être toujours unis ; on ne peut se singulariser par un zèle qui serait peut-être mal interprété. Quelle terrible initiative à prendre !!! J'ai senti que mon aide serait un reproche pour les autres, pour mes semblables, et...

— Et moi...j'ai brûlé...

Dans quelques années, vous expliquerez votre conduite à nos enfants. Mais nous ne serons plus là pour essayer *encore* de vous *aider* à leur faire accepter vos mauvais prétextes.

———

RAGE DE DAMES

Nos chers Hauts Employés n'espéraient pas tant… Malgré les assurances du Grand-Orient et des financiers, ils ne pensaient pas en effet que le Roi mangerait avec eux. Il y avait eu quelques difficultés, au début. Elles furent aplanies. Chacun promit d'être convenable et *correct*.

Donc, il y a eu grand dîner au Palais, suivi d'une réception « choisie et très fermée » ; les invitations étaient limitées, et les garçons des principaux Cercles n'avaient pu en obtenir.

La fête officielle vient de finir. Les huissiers de la Présidence poussent dehors les derniers *figurants*. La plupart des *dames* des ministres, quelques femmes de hauts directeurs ou de grands fonctionnaires se sont réunies dans un petit salon, avant le départ : il faut bien causer un peu « entre soi », entre vraies initiées, entre *gracieux* complices.

Un même esprit les soutient, sans grande différence entre elles : elles sont du bloc, et du meilleur ; ce sont bien les compagnes « de nos compagnons », leurs associées ; elles ont leurs passions, épousent leurs querelles, soutiennent leurs ambitions, souffrent de leurs peines et se sentent injuriées « avec leur homme ». Plusieurs sont affiliées aux Loges féminines, qui opèrent sous des vocables assez innocents et toujours fort philanthropiques. C'est le dessus du panier fleuri *de la Princesse* !

Elles causent, se livrent, échangent leurs impressions, en attendant « leurs seigneurs », attardés aux dernières affaires. — « Ces messieurs nous négligent toujours. Il est cependant temps d'aller se coucher. — Il est bien bon, le prince !...»

« ... En attendant, je préfère « le bel homme barbu de Bruxelles ». Celui-ci, qui vient de sortir, est trop gras. Puis, j'en ai assez !... J'en ai déjà vu plusieurs, de ces visiteurs de marque. On nous fait la leçon, oui ! je vous entends bien, mais cela m'étouffe, et je dirai ce soir mon sentiment. Je ne joue pas ici les Madame Sans-Gêne ; je suis offusquée et agacée, voilà tout. Oui ou non, sommes-nous ministre, sommes-nous président, sommes-nous les princesses ?... Vous pouvez rire, mais je répète : *C'est-y nous qui les sont ?... »*

Quelques « chut », presque distingués, se firent entendre, et les *officieux*, feignant un service à terminer, se rapprochèrent commodément des portières.

« Enfin, et encore une fois, suis-je madame la ministresse ? Vous, madame la présidente ? Ne sommes-nous pas l'aristocratie républicaine, la crème, le gratin de notre élégance officielle ? Il n'y a pas à le nier, nous représentons très suffisamment et présentement le beau pays, que ces messieurs les souverains (elle fait la révérence la plus pompeuse) viennent honorer de leurs dépenses. Du moins, c'est notre avis et c'est le seul que nous puissions avoir sur notre rôle. Nous n'allons pas, en effet, nous trouver mal élevées ou empruntées, et incapables de manger à côté d'un homme bien né.

« C'est là notre situation depuis quelque temps, et il en était de même pour celles, qui nous ont précédées sous ces lambris... Eh bien ! je dis qu'il est cependant humiliant de constater que nos dîneurs ne nous amènent pas souvent *leurs dames*... Un homme va partout, semblent-ils dire... « Un homme peut dîner avec « *nous*... Sa femme, c'est autre chose ! » Je constate cela avec vous, mesdames, et je lâche ma petite colère, au nom de toutes, non point en enfant gâtée ou en gaffeuse, mais en bonne républicaine ministérielle, en femme « de la défense », qui sait se faire rendre justice, puisqu'il le faut. Donc, plus de festins ! ou bien, *accompagné*... Amenez-nous vos princesses. On les instruira de leurs droits... »

Il y eut d'abord un peu d'embarras dans le cercle de nos jolies « camarades ». L'Elysée n'est pas habitué... à une telle franchise. Cette sortie détonnait un peu. Il y a des vérités qu'il vaut mieux cacher. C'était avouer trop ce que chacun sait : les dames des cours ne gâtent pas nos républicaines actuelles, c'est évident. Quelques-unes ont connu une impératrice !... C'est bien vrai, mais cette courte fréquentation nous a coûté sept milliards. Faut-il s'engager dans de nouveaux frais ? Ne voyons donc pas trop clairement ces aristocratiques froideurs : c'est pour ne pas *nous gêner* qu'on ne vient pas plus intimement chez nous. Puis, on ne nous connaît pas assez ; on nous fait plus mondaines ou futiles que nous ne sommes ; on ne sait pas l'habileté maçonnique d'une vraie républicaine, la sûreté et le profit de ses relations. Elle n'aura pas les mêmes principes et la même morale qu'une royaliste, bien entendu... Elles n'ont pas toutes deux le même idéal.

« Nous autres, compagnes de compagnons républicains, nous sommes libérées des superstitions religieuses et nos unions sont scientifiques, autant qu'elles doivent l'être ; nous ne nous payons pas d'illusions pieuses ; nous savons régler notre avenir en dehors de Dieu, et nous pratiquons l'égalité des sexes, mitigée par un sourire. Nous leur expliquerions tout cela à nos sœurs couronnées... Nous formons, malgré tout, la grande famille des dirigeants actuels, nous sommes de la maison et du temple, qu'on ne veuille pas nous en chasser... en restant dehors !... Notre vengeance est prête, et nous connaîtrons les reines... ne serait-ce qu'*en exil*. Ah ! mais... ma chère... »

. . . .

. . . .

La Présidente fit comprendre que ce sujet, brûlant d'actualité, était épuisé et qu'il était temps d'éteindre les bougies, et les rancunes. « Faites plutôt comme moi, croyez-moi. Quand *leurs dames* veulent venir me voir, je ne les reçois pas... et comme ça, je ne regrette rien, car, voyez-vous, elles et nous... c'est pas du tout la même... chose. »

26 NOVEMBRE 1902

« BON-PAPA »

DIALOGUE

. . . .

« — C'est vrai, dis, que tu vas encore faire
« bientôt un grandissime voyage... un beau
« voyage, un « brillant déplacement », vers le
« Midi, sur notre flotte... et puis, peut-être,
« cela, avant la fin de l'hiver? Et tu n'aurais
« pas froid... et puis, tu rencontrerais « le puis-
« sant ami »... Je ne ne sais plus ce que sont
« devenus ces jouets... Ah ! ils étaient aussi
« beaux que ceux que tu avais portés à ses
« filles... à mesdemoiselles ses filles. Et à lui,
« c'est vrai que tu lui avais apporté beaucoup
« d'argent?...

« Tu vas donc encore repartir, dis, pour l'Al-
« gérie, pour l'Italie... même pour Rome?...
« Tu vois, je sais à peu près tout... Oui ! par les
« autres « copains », par les autres élèves. Ils
« chantent ces jours-ci : *Il était un bon prési-*
« *dent, qui se baladait tout le temps... Il a visité*
« *la Russie, il fiche son camp pour l'Algérie.*

« Tu sais, c'est eux qui me crient ça, et par
« eux, va, je connais les choses politiques et les
« événements du jour... Oh ! ils ne me cachent
« pas tes affaires, ils m'instruisent durement,
« disent-ils, et en détail, mais j'aimerais à ce
« que tu me renseignes un peu aussi, pour leur
« boucher... pour leur clore la bouche parfois,
« parce qu'ils se moquent de nous, et je le
« sens, et cela me vexe trop... Je voudrais
« pouvoir te défendre, vois-tu... Alors tu pas-
« seras... à Rome voir le Pape, n'est-ce pas ?
« T'es brave... T'as pas peur des Italiens ?...
« Dame, ils n'aiment guère les couronnés...
« ni autres grands chefs !... »

*Silence du grand-père. Il lit les journaux du
soir. Comme les rois, il a ses heures d'intimité et
de joies familiales. Il ne veut pas les diminuer.*

. . . .

. . . .

« — Et alors, le Pape, tu sais... c'est le Pa-
« pe... Il n'y a pas à dire, c'est lui qui l'est...
« Et il y en avait, il y en aura toujours... Il est
« plus vieux que toi... Il est pas président en
« Italie, c'est sûr !... Je voudrais même bien le
« voir... J'ai beaucoup de choses à lui deman-
« der... Tu ne crois pas ? Si, des tas !... et il
« m'écouterait...

« Les autres, les copains, ils m'ont crié qu'il
« était fâché contre toi, contre nous tous, et ils
« m'ont dévidé le rouleau de nos petites ca-
« nailleries, paraît-il... Tu as fait de la peine à
« ses amis, tu as ennuyé et chassé ceux qu'il
« estime... Tu disais cependant que tu aimais
« les bonnes sœurs, et puis quelques moines ?...
« C'est pas difficile à savoir. Autour de moi,
« ils chantent : *Il était un président, qui signait*
« *tout le temps* (deux fois, faut répéter ça
« deux fois).

« Qu'est-ce que tu crois qu'il dira, le Pape?
« On ne lui monte pas... l'imagination à celui-
« là : il en voit beaucoup des personnages, des
« empereurs, des princes... pas beaucoup de
« présidents. Cependant il sourirait, parce que
« tu viendrais au nom de la France... C'est l'ab-
« bé, après le catéchisme, qui prétend ça... Oh !
« indirectement !... Il me fait comprendre
« beaucoup d'idées ; il a l'air de m'apprécier ;
« naturellement, ça me flatte : il m'a fait dire
« que j'avais un rôle à remplir, un grrrand
« rôle !... Je le vois venir. C'est pas malin, c'est
« que je te place quelques vérités, en t'embras-
« sant... Donc, tu veux bien, je te les insinue,
« et j'aurai un beau livre, pour récompenser
« mon zèle... Mais... faut rien exagérer... »

Le grand-père sourit un peu de ce bavadarge intéressant. Mais les « feuilles du soir » l'absorbent de nouveau. Il se hâte de les parcourir.

Que dit l'Europe? Que dit notre bon pays?... Tout à l'heure, il va falloir figurer, dîner avec quelque noble invité... Que de tracas! Que de difficultés! Ah! s'il n'y avait pas le traitement! Puis, on est « l'homme » de la République actuelle, ou pas!

. . . .

. . . .

« — Tu ne me réponds pas?... Tu fais sem-
« blant de lire... Votre Majesté m'encourage!...
« Aimes-tu mieux votre Présidence me par-
« donne... Eh bien! les petits camarades... ne
« te fâche pas... ils m'appellent: « p'tit Pana-
« ma », et ils disent que leurs parents y ont
« perdu de l'argent... par votre faute... par la
« faute du gouvernement, c'est-à-dire... mais
« qu'il y avait moyen que cela ne fût pas
« tant... Qu'on ne prend plus jamais les vo-
« leurs, et que les assassins rigolent trop...
« Moi, j'enrage... *et cependant, si c'était un peu*
« *vrai, dis?*

« Ils crient qu'ils veulent être libres d'aller
« à l'école choisie par leurs parents, tout com-
« me moi... Pourquoi donc il y en a-t-il tant
« de fermées, des écoles?... Ils disent que les

« Judas de toute sorte sont trop maîtres chez
« nous, en tout..., et à cause de cela, que les
« affaires ne vont pas bien... que les pauvres
« sont plus nombreux et devenus méchants
« contre ceux qui les aiment toujours... que les
« chefs et les magistrats ne font pas leur de-
« voir... et je comprends un peu de qui ils
« veulent parler...

« Est-ce que tu penses que la vieille bonne
« grande-maman serait contente de tout ça, de
« tout ce qu'on me raconte de nous?...

« Tu dois donc aller avec l'empereur... Mais
« alors, qu'est-ce que tu lui diras... toi... au
« Pape ?... Qu'est-ce que tu lui promettras
« encore? Tu devrais le décider à venir chez
« nous... puisqu'il ne veut pas te recevoir chez
« lui...

« — Tu m'ennuies... à la fin », et *le bon-
papa* sortit.

. . . .

« — Ah ! je le vois bien... les autres pourront
« maintenant me chanter :

I' était un sal' président,
Qui r'pondait plus à son enfant !... »

« ...KRUPP-KRUPP ! ! ! »

— Ce spectacle n'a pas encore été publié.

Cela sonne et résonne, cela gronde et roule : c'est le bruit de la lourde marche du cortège funèbre, c'est le rythme puissant de tout l'appareil militaire qui l'environne, c'est la poussée vigoureuse de l'Allemagne féconde, c'est le pas de l'Empereur... Ecoutez les éclats cadencés des hymnes patriotiques, tristes et glorieuses... Krupp-Krupp !...

A la nouvelle de cette mort singulière, qui s'est imposée à ce lutteur, à cet ouvrier actif et tenace, à cet agent des prises germaines, en le voyant ainsi déserter le combat et laisser son travail, la nation s'est émue, s'est inquiétée ; elle a été surprise d'un tel acte.

Quelles ont été les causes de ce brusque départ? Quelle a été la raison et la fin de cette vie? Où l'a poussé la force, le génie et son culte de la force, et jusqu'où l'a conduit *son service de la mort* ?

Ce qu'on raconte de lui serait-il vrai ?... Lui,

si appliqué à son cruel labeur, si absorbé par les dures fatigues de sa noire industrie, aurait-il connu de singuliers repos, des joies dangereuses et des plaisirs raffinés ? Ou bien, formé à une rude école, imprégné de mœurs brutales, aurait-il obéi, avec folie, à quelques instincts violents et cruels de sa race ?... Ecoutez les voix des aciers et des bronzes saluant une dernière fois leur habile et puissant maître... Krupp-Krupp !...

Le chef du peuple allemand est accouru diriger cette cérémonie et enseigner à tous ce qu'il faut croire. Il a dit ce qu'il *fallait* penser des causes de cette mort, et en face de l'événement, il n'a pas hésité à jeter le manteau impérial sur cette bière — qui peut demeurer avec son secret.

« C'est peu de chose, c'est peu important, c'est une erreur, une calomnie des envieux, un cri injuste des martyrs de l'usine. » Qu'est-ce qu'une telle accusation, quand bien même elle ne s'effacerait plus ? Peut-elle diminuer l'œuvre glorieuse et nationale de ce suprême artisan des meilleures tueries modernes ? Il se sentait investi comme d'une mission, ainsi que son impérial maître. Il aidait à « ordrer » les peuples, suivant les nouvelles théories et les nouveaux besoins des jeunes et vivantes nationalités. Il rappelait à coups de canon aux Français que la loi de Dieu leur commandait de vivre leur vie, ou sinon l'aigle teuton et ses petits les dévoreront.

« Non, ce ne sont donc pas des Italiens, nos alliés, qui nous renseignent sur « ce petit fait »; ce ne peut être, sans doute, que des Alsaciens ou des Polonais, ou plutôt des Français, réfractaires à toute alliance mensongère, ou encore d'odieux socialistes, et tous ces bavards, ils exagèrent, et tous ces indomptés, ils ne peuvent que mentir. »

. . . .

Car celui que tout cet apparat guerrier accompagne, celui que tous ces soldats et ces drapeaux guident vers le repos et la justice éternelle, celui que dans sa tombe protège l'Empereur de toute sa dignité, celui que l'Allemagne a voulu honorer jusqu'à la fin, — malgré sa fin, — celui-là est digne d'elle, elle veut qu'on le croie, ce fut un bon serviteur de sa redoutable et sanguinaire puissance... Donc, gloire à lui !... Krupp-Krupp !...

. . . .

. . . .

C'EST LA « LOUÉ »

C'EST LE « DROUÉ » !...

Et le père Jacques, le père *Jacques Bonhomme* disait : « Faut qu'essoumettent, faut qu'essoumettent, c'est la *loué...* » Et elles se sont soumises les congrégations, et elles se sont rendues, inclinées, un peu abaissées, dira-t-on... beaucoup d'associations religieuses de toutes sortes ; elles ont demandé l'autorisation de faire le bien religieux et social ; elles se sont soumises, les bonnes sœurs de bien des catégories, ces nonnes, ces religieuses, ces moniales, dont l'obéissance intelligente et le merveilleux dévouement exaspèrent les intellectuels et leurs « associées ». C'était la loi !...

Le paysan répétait ce commandement, l'ouvrier des villes et des champs avait répandu cette raison maçonnique : il faut obéir, *puisque* les fabricants de permissions ou de défenses publiques, ces employés que nous payons pour cette tâche difficile, nous ont fait savoir qu'il le fallait. Dans les cabarets le mot d'ordre préfectoral avait couru à travers les tasses et les bols, les petits verres et les litres : « Il faut qu'elles demandent l'autorisation, pour sûr... »

Et cela semblait à beaucoup très juste : le gouvernement a le droit d'imposer cette formalité, c'est si peu de chose... et quand cette demande les gênerait, les congrégations peuvent bien subir cette épreuve : leurs vertus leur en donneront la force et les moyens. Non seulement tel était le sentiment des demi-adversaires de tous ces soumis au bien et de tous ces *autorisés de Dieu*, mais encore quelques amis... leur répétaient également, avec Jacques Bonhomme et son fils l'ouvrier : « C'est la *loué* ! »

Peu importe *donc* si elle n'en a que l'apparence, si elle est mauvaise dans son principe, si son application ne sera que mensonge ; peu importe si ce n'est qu'un piège maçonnique et presque ridicule : en effet, nos brigands, ne peuvent perpétrer *que* brigandages, et leur sourires parlementaires et leurs gestes libéraux ne serviront jamais qu'à mieux dissimuler le nœud coulant qu'ils préparent sous main pour étrangler de trop naïves victimes, oublieuses de la *nécessité du mal*, qui s'impose aux mauvais citoyens de la bande actuelle. C'était un concert, un ensemble nourri, un chœur soutenu, de droite, de gauche, et les intéressés eux-mêmes, en protestant un peu encore, répétaient attristés et murmuraient résignés : c'est la loi !

Mais, maintenant que le coup est fait, que la vérité ministérielle s'impose, que la manœuvre gouvernementale est finie et doit être jugée ; à présent qu'il faut voir, Jacques Bonhomme, malgré lui, se demande : « Où est le *droué ?* » Malgré lui, il sait bien où est le bien et où est le droit, et malgré les sous-agents et les complices des Loges, il réfléchit, il pèse, il remarque ; pas assez vite sans doute, cependant il se rend compte de *celle loué,* et il apprécie les dévots du régime, il se souvient de leur sot évangile.

Il n'oublie pas, Jacques Bonhomme, que dans son bourg, dans les auberges où il se laisse attirer, on lui avait « *quasiment* juré que les religieuses n'avaient qu'à se soumettre pour avoir la vie sauve, et que les « gros pourvus » du gouvernement seraient trop heureux de leur accorder, pour toujours, la folle joie de soigner dans le pays les plaies et les malades, et de recueillir les pauvres et les orphelins ; et que même, toutes les *bonnes sœurs,* assez intel-

ligentes pour être bien par avance avec la *sainte*
administration, se verraient libres, et cela régu-
lièrement, d'enseigner les marmots français et
de les catéchiser sans difficultés ou réserves
officielles ».

Ce devait donc être une sorte d'âge d'or,
mettant fin à trop de malentendus. Le pouvoir
actuel était peut-être un peu exigeant. Il fallait
lui pardonner cela ; il avait été si combattu !...
Tout allait être régularisé, arrangé, et l'avenir
ainsi assuré. Dans l'intérêt de tous, ces règlements étaient souhaitables, et presque coupables
étaient, par contre, ceux qui ne les désiraient
pas, ceux qui se défiaient de la République de
Combes et Loubet et Cie. Faut-il vraiment qu'il
y ait des gens maladroits et des cléricaux coupables !...

Pas si bêtes vraiment étaient ces prudentes
personnes ; pas si malvisés étaient ces expérimentés *douteurs* : ils savaient quel serait le résultat de certaines demandes. On ne peut nier
qu'ils avaient vu juste, et leur satisfaction actuelle n'est point une critique trop sévère des
lignes de conduite différentes de la leur ; ils
plaignent toutefois ceux qui ont pu croire que
le diable allait se changer, et il ne s'agit en effet
que de ce simple problème... éternel.

Il est temps de s'en convaincre : ce rusé révolté nous aide à nous instruire : il ne ménage pas ses coups et il n'en dissimule plus la canaillerie. Il se rit que nous la découvrions : il siffle Jacques Bonhomme, et nous tous. Il se moque de notre nombre, qui fera cependant la loi... demain, et celle-là pourra être honnête et d'un intérêt général. La France n'aura pas à en rougir, elle consacrera le droit impérissable, — le droit de servir Dieu, suivant sa volonté et ses goûts, le droit d'être libre et de vivre en frères chrétiens, solidaires dans le bien religieux et national.

Cette loi sur les associations, c'était simplement une ruse. Ces promesses d'autorisation pour les soumis et les quémandeurs empressés... autant de mensonges ! « Allez tous, malgré vos utiles vertus, expier en exil votre bonne foi et votre tenace patriotisme : les Loges ne peuvent même vous tolérer et vous refusent leur estampille... »

Mais Jacques Bonhomme, « notre doux maître », ayant bien compris cette dernière filouterie ministérielle et rappelé à son devoir et à sa dignité, se souviendra de son *droué*... Voilà, peut-on dire, à quoi aura servi de se soumettre à *la loué*...

12 DÉCEMBRE 1902

LETTRES D'UN PETIT SOLDAT

PREMIÈRE LETTRE

A Monsieur Durand-Bonhomme aîné, négociant,
quai de la Petite-Maine, à Angers.

Mon cher oncle et parrain,

Vous avez déjà lu notre équipée, nos prouesses, la belle besogne qu'on nous a fait accomplir... Ah ! nous sommes *des lapins,* et sans rougir, nous avons salué les monuments de nos victoires passées, tout en rentrant à la caserne, au bagne moderne, disent « les initiés ». Je n'en suis pas plus fier pour cela et je ne sais quelle honte, quel doute nous a empoignés. Nous avons voulu rire, avec les « camaros » : il a fallu tout raconter... puis, nous nous sommes trouvés gênés, diminués : « tous sergots, tous agents, tous expulseurs, tous employés au balayage, alors?... »

C'est cette fonction qui ne vous irait guère, et vous avez connu en effet une autre armée, un autre temps, un autre courant d'idées. Je vous ai entendu le dire mille fois, ne vous en défendez pas : le soldat a une mission assez haute pour ne pas être le *domestique* des administrations, fussent-elles soi-disant parlementaires. « A la frontière, oui... le petit troupier, pas à *la Chambre.* » — « Il doit protéger l'ordre. » — Oui ! oui ! il doit accomplir ce devoir : il doit protéger l'ordre, en effet ; il doit défendre la cité contre les entreprises subversives, contre la poussée désorganisatrice des mauvais citoyens.

Vous voyez que je n'oublie pas vos leçons, et c'est sans moquerie que je les répète. Mais... le petit soldat ne doit pas attaquer les bons patriotes ; il ne doit pas protéger de ses mains les voleurs, les prévaricateurs, les menteurs, les comédiens du dévouement social ; il ne doit pas défendre, avec son corps, ceux que sa conscience d'honnête français lui désignent, depuis longtemps, comme les pires ennemis de son pays... Et cependant, mon cher oncle, nous l'avons fait : des petits soldats français et des officiers français ont accompli ces actes : ils se sont employés *contre* de braves députés, ils ont, *par la force,* expulsé deux représentants du peuple.

Celui-ci envoie à la Chambre des mandataires ; il les choisit de son mieux, pas toujours bien. — Vous en savez quelque chose par chez nous. — Enfin, ce sont ses envoyés tout de même ; ils vont veiller à la *chose publique*, en son nom, veiller au salut national, garder l'honneur du pays, et crier bien haut si ces biens précieux sont en péril ; tel est leur devoir ; ils sont payés pour cela. Et nous autres, les *gens d'armes*, nous sommes payés pour qu'on ne gêne pas l'exercice de leurs fonctions utiles. Et voici cependant ce qui se produit, et se renouvellera : un véritable ami du peuple signale un vol ; il ne peut résister au cri de sa conscience, il dénonce la traîtrise des gouvernants et de leurs complices, il publie les manquements et les crimes des magistrats ; il proclame que le pays est livré à d'indignes mains. Aussitôt toute la séquelle régnante se rue contre ce vrai citoyen. On veut lui faire rentrer ses paroles dans la gorge, on le frappe... et comme il proteste, qu'il maintient énergiquement sa glorieuse attitude de libérateur et de justicier... on le fait empoigner et jeter dehors. « Enlevez-le ! » Et pour cela, pour débarrasser les *pourvus* de ce gêneur trop franc, on appelle... *les petits soldats...* Je le sais mieux que personne : j'y étais, j'en étais.

. . . .

— Il faut les accoutumer à *servir*... Qui sait ce qu'on leur fera faire demain ? Et les libéraux, les modérés se rengorgent ; ils sont outrés, ces bons messieurs ; ils suffoquent, ils sont scandalisés, ma parole... Sans doute, de ce que ce brave député, qui ne vole pas sa solde, a appris à ceux qui veulent savoir ; sans doute, ils sont furieux d'avoir été bernés et d'être ainsi tous compromis par les saletés financières et judiciaires actuelles du fameux ministère de *dépense*... nationale.

— Vous ne les connaissez donc pas encore ?

— Ils sont furieux alors de l'emploi de la troupe ; ils se voilent la face de ce que les prétoriens ont pénétré, ont violé le sanctuaire du Parlement républicain ; il leur semble que leur *Marianne* a rougi et que le *triangle* est un peu écorniflé ?...

— Point, ces gaillards, — je les ai entendus, — payés par nous, ragent de ce que le *petit soldat* n'en a expulsé que deux parmi les insoumis, les réfractaires à l'action maçonnique et judaïsante, de ce que le petitpiou piou n'a pas crevé... la poitrine à tous ceux qui gênent les fiers intellectuels, les gros occupants, les habiles panamistes, les humbertistes fêtards, les chapardeurs bénis, les huguenotants, les dévots révolutionnaires, toute la bande actuelle, cramponnée aux flancs lassés de la France, et qui ne veut pas être délogée... Malheur à qui clame la vérité !

« A nous, soldats ! — semblaient-ils nous crier — et protège-nous, défends nos vices, et nous saurons en retour te faire rire et boire, nous te dévergonderons et tu ne seras plus bientôt pour nous qu'un instrument docile, notre vraie défense à nous autres du ministère... Entre temps, tu chasseras le moine et la religieuse, et quand tu seras bien dressé, petit soldat, ton curé... oui ? ton curé, à toi, celui-là, oui ! — que tu respectes et que tu aimes, et qui te le rend bien, — tu le chasseras aussi... tu en auras l'habitude et la manière... Croisez...ette !... Et ran ! »

Ce n'est pas plus difficile que cela d'utiliser la force armée. Il faut être naïfs comme les conservateurs « véritables » et les catholiques « soumis » pour ne pas savoir s'en servir.

Que faisaient-ils donc les effrayés actuels, les désolés, le jour des funérailles de ce cocardier de Faure ? Voilà ce que nous nous disons, nous les jeunes troupes du bien. Il n'y avait *qu'à* *agir* en effet, c'était un bon moment ; il y

avait déjà un honnête nettoiement à opérer,
courageusement, et si quelques brigands s'é-
taient opposés à ce que les bons citoyens sau-
vassent leur pays, il y aurait eu mérite éternel
à les contraindre de laisser l'armée protéger
les bons ouvriers de la France. Elle eût été dans
son rôle, l'armée... et elle ne se serait pas
plainte d'être commandée pour le « service
intérieur ».

Ses chefs auraient bien fait de l'y employer
énergiquement. Quand l'heure sonne d'un tel
devoir, il ne faut pas se boucher les oreilles...
avec de mauvaises raisons : *la force honnête a
le droit d'être, et de fonctionner* : elle doit sauvegarder l'avenir de la nation.

Et celle-ci, en ce moment, — et ce n'est pas
difficile, mon oncle, de la faire parler, — ne
peut-elle dire, notre nation, à ces soldats-là :
« Qu'avez-vous laissé faire ? En quelles mains,
maladroits et coupables chefs, m'avez-vous
maintenue ? Je pouvais compter sur votre
bravoure, sur votre courage. Vous ne sentiez
donc pas où me conduiraient *fatalement* ces
mauvais dirigeants ; vous ne compreniez donc
pas que les principes, qui s'imposent à ces farceurs, les amèneront nécessairement à créer
un état de choses ruineux et déshonorant ?...

Qu'avez-vous fait de vos épées ? *Pourquoi avez-vous eu peur... de votre devoir?...* Ne dites pas que vous ne l'avez pas vu : on le voit quand on le veut bien... on le voit quand on regarde bien... on le sent quand on écoute bien la voix de la patrie... Et s'il faut mourir pour la sauver, au moins... on accomplit joyeusement ce qu'on a, en chantant parfois, promis de faire... Et ce sacrifice n'est jamais inutile, quoique prétendent les complices des tyrans, pour empêcher qu'on ne déloge ceux-ci. Voyez ce *qu'ils* ont fait de l'armée !... »

   .   .   .   .

Je sais que tels sont vos sentiments, mon oncle, ainsi que ceux de bien des patriotes, et je sais aussi que vous êtes un peu inquiet de moi, mon cher parrain, et ce n'est pas sans bonne raison : votre filleul est à une singulière école... Il n'y a pas à le cacher. Vous savez bien ce que déjà tous ceux, qui y ont passé, en ont dit. Vous sentez bien que les sentiments qu'on y répand, que les idées que l'on y vante et qu'on veut *imposer*, ne s'améliorent guère, dans le sens que vous souhaiteriez, et que notre famille aimerait, et pourtant nous ne sommes pas *des chouans...* Ceux-ci étaient des braves, je ne veux pas les diminuer : j'entends les *vrais* chouans...

Nous ne demanderions qu'une chose assez simple : qu'il nous fût possible et permis de continuer au régiment d'être de vrais et d'utiles chrétiens, — les meilleurs soldats, sans dire du mal des autres. — Et ce n'est pas si commode, malgré les circulaires et toutes les *théories* et *écoles*. A la caserne, il faut être *initié*, et il faut surtout *dépenser*, et il faut... faire comme les autres, et les autres ne font souvent pas trop bien. Singulier enseignement ! Singuliers exemples ! Il y en aura quelques-uns qui s'en retourneront chez eux avec le moral et le physique moins bons.

On nous fait des cours ! En veux-tu, en voilà, mon garçon... On veut nous ramener, dit-on, vers la campagne : on nous professe des tas de choses scientifiques, et tout, tout nous détache de la province et tout nous retiendra dans les grandes villes...

On nous fait rire de nos salaires, de notre vie de province ; on nous débauche, en jurant qu'on a bien soin de nous, et qu'il faudrait être ingrat pour ne pas reconnaître les sollicitudes et les *égards républicains* du gouvernement. On nous apprend, doucement, à nous moquer de la religion, et tout simplement de Dieu... Il y a *trop de vrais savants* parmi nous tous !... On les verra au feu, ceux-là : on jugera s'ils seront mieux que nous... *convaincus* de se faire casser... la tête, pour accomplir simplement son petit devoir de se la faire casser pour être utile aux autres. Ah ! oui... on nous a endoctrinés sur la solidarité. En voilà une denrée, mon cher oncle !... En vendez-vous en gros ? Il paraît que c'est le biscuit réconfortant, qui donnera du cœur au ventre aux troupiers futurs...

Puis, on nous parle indirectement de « l'humanité intégrale ». Il faut déjà être *fort* pour retenir les termes. C'est pour apprendre ces matières-là qu'on a bien simplifié le maniement d'armes et toutes les autres instructions ?... Mon cher oncle, vous seriez toujours un bon soldat, mais... il vous faudrait *tout oublier*... Oui ! oublier vos devoirs religieux, le respect si profond pour vos chefs, la joie patriotique et honnête de votre vie de régiment, et vous n'êtes pas cependant un vieux de la vieille...

Voyez-vous, on a changé, et c'est le progrès, le nouveau *règlement* des choses humaines !

« Tu parles trop, mon ami, tu exagères... » Voilà ce que vous vous dites en riant. Allons, j'irai vous donner confirmation et preuves de mes découvertes, vers Noël, et vous demander ma part d'une bonne bouteille de notre vin d'Anjou — pas celui de cette année, cependant. Il fait froid... Il y a cinquante pauvres deux fois par jour à la porte de notre caserne, et nous ne craignons pas, à cette intention, de *créér* des restes ; ce sont des gaspillages à encourager. Ces malheureux, comme remerciements, nous chuchotent de singuliers conseils...

Pardon pour ma brochure, et cependant, j'ai encore beaucoup à vous dire... Je passerai bientôt probablement sergent ; je travaille dans ce but. Je n'en demeure *pas moins*, avec un affectueux respect, de cœur avec vous tous. Vous ne me gronderez plus de vouloir *écrire?*...

.   .   .   .

————————

21 DÉCEMBRE 1902

LETTRES D'UN PETIT SOLDAT

DEUXIÈME LETTRE

A Monsieur Durand-Bonhomme (Félix), ancien instituteur à Sainte-Vallée-en-Treulon (Maine).

Mon cher cousin,

. . . . , ...

Maintenant que toutes nos affaires de famille sont réglées, que j'ai demandé des nouvelles de *notre monde*, — une jolie expression, n'est-ce pas ? — que je me suis informé de « votre chère maisonnée », des grands et des petits, des voisins, des amis, si vous voulez bien, je vais parler longuement de moi, pour répondre à quelques-unes de vos affectueuses demandes.

Mon oncle, qui lit sans lunettes, et qui voudrait parfois que la République finisse par être à *son goût*, prétend que j'écris trop *amplement*; si, lui obéissant, je télégraphie... il peste aussitôt. Et vraiment, comment faire ?...

Vous aimez toujours la moyenne littérature, mon cher cousin, vous serez donc indulgent.

et d'ailleurs il n'est pas besoin de sortir de l'Ecole normale de Paris pour enseigner *aux gamins*, congrûment, à enfiler des phrases françaises. Je me souviens donc de vos leçons et je vais le prouver. Combien je vous remercie de votre sévérité affectueuse de ce temps-là, même du *fouet* !... On ne croyait pas, dans *notre jeunesse*, porter atteinte à la dignité de l'élève. C'est d'hier encore, il me semble y être !...

Si vous étiez toujours « dans l'enseignement », il vous faudrait rentrer plus d'une taloche : « tout doit s'obtenir par *la conviction* » ; il faut respecter la liberté des *morveux*, et alors, vous pensez bien que, formés de la sorte, mes chers camarades arrivent souvent « dans la grande famille militaire » avec des dispositions plutôt chatouilleuses à l'égard de leurs sottes et précieuses personnes.

« Osez donc les toucher, vous, sous-officiers vifs, alertes, dévoués ; poussez voir cette *recrue* savante, rectifiez un peu brusquement cet homme-citoyen... et vous sentirez vite la différence des méthodes d'entraînement intensif... vous comprendrez *par* une belle punition qu'on ne mène plus les conscrits républicains, comme autrefois, et comme ailleurs... »

Je ne veux pas regretter que *les gradés* ne cognent plus ; je n'entends pas insinuer que quelques *brutes* alcooliques avaient raison d'inculquer la théorie et les principes de la subordination à coups de bottes, et que nos gros et forts voisins teutons sont imitables dans leur brutalité méthodique. Mais, croyez-moi, ce que je vois et ce qu'on nous insinue, à nous autres futurs sergents, c'est stupéfiant et surtout d'une application trop délicate et peu pratique. Il faut parfois, en effet, *pousser au feu* et à l'action le tirailleur, *le fusil humain*... Faudra-t-il user de formules très urbaines encore ? On doit parfois agir violemment... Comment le prétendre, en face des ordres *supérieurs*, tous conçus dans un sens trop doux, sottement humain, d'après les principes d'une fausse philanthropie, mal appliquée ?...

. . . .

Voilà pour les méthodes nouvelles d'instruction ou de direction militaires, et vous nous avez dit parfois que, pour vous-même, vos vieux professeurs, qui, tout modestes qu'ils étaient, songeaient cependant à ne pas vous fausser « la jugeotte », avaient eu grand soin de vous recommander d'appliquer celles que le bon sens *français* préfère et que l'expérience a *sanctifiées*...

A la grande école humaine — style pompeux — qu'est le régiment moderne, mon cher cousin, vos vieux maîtres croyants, et vous aussi, vous seriez de simples novices, et vous ne seriez pas longtemps estimés, fêtés, décorés ; et enfin, vous-même, vous ne pourriez pas surtout rester l'ami de votre curé. En voilà une position, au jour où nous sommes... ami de « son pasteur » ! Et cela sans nulle honte, bravement, en fils de vieux soldat que vous êtes, vous ne craignez pas de vivre *quasi* affectueusement avec ce représentant « de l'obscurantisme et de la réaction ».

Mais vous ne craignez donc pas, mon cher parent, qu'il essaye de vous démontrer *qu'il y a quelque chose de certain* ici-bas ; car voyez-vous ceci, c'est là le grand point, paraît-il, la vraie *affaire*, c'est ce qu'il faut bien remarquer, tout consiste à être savant sur ce sujet précis, tout est renfermé là, et tout se ramène à cet endroit-là : oui, *votre ensoutané,* il va vous *convaincre de quelque chose.* — Tandis que ? — *Tandis qu'il n'y a rien que l'apparence* de quelque chose...

C'est alambiqué, fou, niais, recherché, eh bien ! on retrouve ce pathos substantiel partout et en tout, et chez nous, on l'enseigne en riant, en chantant, et en blasphémant même.

On sait fort bien, maçonniquement, nous inculquer ce virus mortel, afin que nous le rapportions chez nous. Certes, « tous les joyeux tourlourous » ne se formulent pas ces axiomes-là avec précision ; ils ne se gargarisent pas avec ; ils ne voient pas où tendent les balivernes de la cantine, les moqueries de la chambrée, les discussions des sous-officiers sur nos croyances morales et religieuses.

« Et va donc toi... paysan pieux ! Va donc à confesse. Va donc t'abrutir avec tes principes... L'as-tu vu ton bon Dieu... colère... et pour tous ?... Notre paradis, c'est l'argent et la santé... Puis, si ça te fait de la peine, eh bien ! voilà la pure vérité, autant que tu l'entendes : *C'est que, nigaud, tu te figures ça,* tu es de bonne foi, mais... fichaise que tout ton bagage de catéchisme !.. Petit à petit, tu te libéreras, et tu prieras *à notre Église,* « à la bonne Loge. »

Où, entre parenthèses, on devient encore, et surtout, plus sottement dévot, vil esclave d'ignobles pratiques, et désespéré par de perfides apôtres.

Il y avait un moyen d'échapper à ces influences, mon cher maître et parent. Ce moyen, il nous a été enlevé...

Je puis encore, quant à moi, par mes lettres

et quelques relations, me maintenir sain d'esprit et me fortifier même dans des doctrines raisonnées, qui sont votre œuvre, celle de tous nos parents, celle de mes plus proches. Je ne bois pas cette illusion de l'illusion, ce doute si facile sur toutes choses, et qui se proclame savant. Puis, notre bon curé (dont ils rient, ces intellectuels armés...) m'a appris à savoir, et, malgré mes imperfections et quelques manquements, je suis savant, moi, dans ce qu'ils appellent mon ignorance. Je suis donc fortifié, *défendu* bien que pas têtu, mais convaincu de la *réalité* de bien des choses vraies.

On a toujours envie de leur flanquer... un bon coup, quelque part, pour leur démontrer leur bête orgueil. « N'y touchez pas, ce sont de libres gardes de la patrie... ce sont des volontaires de la soumission, des dignitaires de nos libres milices ; ce sont — surtout — de *futurs électeurs.* »

Cependant, vous les figurez-vous découvrant le danger de certaines méthodes, comprenant enfin l'empoisonnement intellectuel produit par certaines idées ; les voyez-vous persuadés du crime national, qui consiste à les dévergonder, et à les renvoyer *changés...* chez eux ?

Alors, oui, alors... la patrie... verrait luire d'heureux jours, et d'autres farceurs, d'autres francs-repus, francs-vendus, connaîtraient, par contre, l'heure des règlements nationaux. Les recrues, les petits soldats, libéreraient le pays. — « En voilà une idée audacieuse ! » — Ce n'est pas la plus mauvaise, et je ne m'en dédis pas, en raison du but. Mon cher cousin, vous nous avez appris un peu d'histoire ancienne et moderne : on y trouve de ces besognes-là, et bien faites..., et elles valent bien celles auxquelles on nous a employés parfois : *J'étais à la Chambre*, vous savez, et je n'en suis point trop fier. On ne gêne pas les honnêtes gens, sans se rappeler le rôle que l'on a pris *contre* eux. Ça reste comme un *sale* sou-nir...

. . . .

Moi, vous voyez bien, je résiste, et j'en ai donné les preuves, et vous en aurez ici l'assurance... mais les autres, *les moins munis*, les moins vraiment instruits, les moins bien catéchisés, ceux qui *les* font tant *rigoler*, dans la chambrée ? Que deviennent « les faibles copains » ? Vous vous en doutez facilement. Ne le dites pas autour de chez eux. Que leurs parents leur écrivent, que leurs mères, leurs sœurs les soutiennent... à distance, les faisant souvent revenir, mais qu'elles n'oublient pas, au pays, de les soigner *moralement*, et un peu moins bien parfois physiquement: il n'y a pas que le ventre ou les pieds à garantir. De plus, leurs curés doivent s'occuper d'eux, avec le plus grand zèle.

Dans les garnisons, *il y avait des cercles*, c'étaient des lieux de réunion, où nous pouvions aller librement, entendre de bons avis, voir des exemples de conduite raisonnable et *propre*, nous récréer sans dépense forcée... *On les a fermés* presque tous. Dans ceux qui restent on ne va plus avec la même facilité, avec la même joie ! La plupart de nous n'osent pas y retourner, on nous moucharde. On ne veut pas que *nous échappions*. C'est la maladie morale forcée.

« Vlan! tu *le* seras : malgré toi, tu seras marqué... tu seras ce que nous voulons que tu sois, petit soldat ; *c'est pour nous que la mère t'a créé...* Dès l'école, tu nous appartiens. Et au régiment, encore mieux... *Après,* tu seras *notre* bon électeur. Ce plan te conviendra ou pas... C'est le nôtre ! »

Voilà un peu ce que je vois, ce que je dois vous crier, avec regrets. Quant à vos autres demandes, je vais y répondre, avec quelques plus courts détails...

26 DÉCEMBRE 1902

Confidentiel
2e semestre 1902   **AGENCE**   **Télég. Walrousse**
Téléph. 104 bis

WALDECK-ROUSSEAU ET CIE

Circulaire fin d'année à notre clientèle.

M

Nous avons reçu un grand nombre de lettres ces derniers temps, de la part de nos meilleurs clients. Nous ne pouvions y répondre individuellement et nous attendions d'ailleurs pour le faire que diverses affaires en cours fussent réglées.

Cette fin d'année (deuxième semestre) a été très chargée. On voudra donc bien nous excuser : ces retards ne provenaient pas de notre fait et nous avions intérêt, pour la bonne conduite de nos combinaisons, à garder le silence et à nous faire ignorer. Car les maisons rivales ne sont souvent que trop mises traîtreusement au courant de nos affaires, et nous nous défions, avec grande expérience et raison, des services postaux.

Ils sont toujours fort dévoués « aux agences *officielles* », et *leurs* employés trompent adroitement la molle surveillance des facteurs ordinaires et des trieurs, à un tel point que le Gouvernement peut souvent jurer que son personnel garde les lettres avec soin et discrétion, autant que l'honneur et la fortune des citoyens.

Nous avons travaillé quelque temps dans ces conditions-là et nous savons ce qui se passe dans les bureaux, même en province, et *les ambulants*. A ce sujet, nous n'avons qu'à vous rappeler nos précédentes circulaires, que nous suivrons avec un zèle jaloux, auquel on sait rendre justice.

Or, c'est avec une certaine et légitime satisfaction qu'à cette fin d'année, nous compterons avec vous les opérations que nous avons conduites pour le plus grand profit de ceux qui ont bien voulu nous soutenir de leur crédit. D'autre part, nous envisageons l'avenir avec une grande tranquillité, et les diverses façons dont nous avons su engager les intérêts qui nous sont confiés, nous donnent l'espoir très certain de gains encore plus rémunérateurs.

Qu'on veuille nous accorder quelques mois : nous ne pouvons en dire davantage. Les clients, qui voudraient être fixés, peuvent passer à nos caisses, *à la direction* : il leur sera fourni des explications que cette note ne peut renfermer.

Il est de *ces tuyaux,* en effet, qu'on ne livre que de vive voix. [Se munir de son carnet de chèques.]

Nous avons même, pour fin février ou mars, une affaire en train, très étudiée, et de demi-repos, sans que nous en cachions toutefois l'alléa habituel. On connaît notre prudence. Nous ne *marcherons* qu'à couvert et en assurant notre retraite. Les risques, en résumé, sont moyens et les bénéfices très considérables. Nous ne pouvons nous faire comprendre plus explicitement et même nous faisons appel en ce moment à la discrétion de nos amis, de nos fournisseurs habituels. Qu'on se hâte cependant, afin que l'entreprise soit tout de suite fortement engagée. *La maison Combes et Loubet guette précisément cette affaire et nous avons tout à craindre de sa rivalité.*

Qui l'emportera? C'est à notre clientèle de répondre. Nos rivaux nous contrecarreront, nous résisterons, et nous triompherons de toutes leurs manœuvres par des manœuvres plus habiles. C'est de bonne guerre ! — Que chacun désormais cautionne l'*Agence* qui lui paraît la plus avantageuse.

Vous savez par expérience ce que nous *donnons* ; nous obtiendrons mieux encore, et une fois la *maison Combes et Loubet* terrassée et coulée, notre société, notre *firm*, notre syndicat, notre Loge, notre bande — puisque ainsi on nous salue !... — ne connaîtra plus de gêne, ni d'obstacle, et elle remplira de jouissance, de puissance et de richesses ceux qui l'auront aidée fidèlement : ses complices seront ses bénéficiaires et cela, *en janvier*.

La plus modeste *mise* sera rémunérée...

Que chacun surveille donc les événements publics et les pousse dans *notre* sens. Que chacun facilite notre victoire ; il n'y a pas de scrupules à garder ; il faut ponter ferme dans ce jeu terrible ; nous nous engageons à fond de notre côté, et nous voulons avoir raison de l'*Agence de l'Elysée*. Elle a besoin de quelques leçons, et nous n'avons pas à lui faire de propositions d'*absorption amicale* ou d'union : c'est un duel à mort, entre deux comptoirs, entre deux trafiquants ; plus encore : entre deux méthodes. *Nos partisans* sont bien avertis...

Si, par hasard, nous ne réussissions pas pleinement, nos précautions sont prises. Personne ne sera inquiété, aucun nom livré. Nous nierions tout, et nos adversaires seront seuls coupables. Nous, nous attendrions simplement une autre occasion.

Nous avons dû prendre quelques engage-ments chez nos voisins, afin d'être moins gênés ou distraits. Les meilleures assurances nous ont été fournies, près de nos frontières, et nous pouvons être à peu près tranquilles. Les intérêts étrangers, pendant quelque temps, ne viendront pas trop brusquement contrecarrer les nôtres. Pour obtenir cet habile résultat, notre maison n'a pas hésité à faire de gros sacrifices et à se ménager de coûteuses *intelligences*.

Nous nous sommes fait réserver par l'in-fluence des mêmes comptoirs internationaux des avantages très importants dans le prochain emprunt. Il faut qu'il soit fait par *nous*, s'il est lancé.

Notre clientèle nous permettra de parler ainsi.

De son côté, elle nous secondera en en publiant l'excellence, par avance. Nous nous adressons à tous les mondes. En cette matière, on trouvera des motifs suffisants pour ne pas nous bouder.

Nous savons que, parmi quelques-uns et dans certains milieux, il a été répandu, récemment encore, diverses calomnies contre nous : nous n'avons plus ici à les relever, à les discuter et à nous en défendre. — Que l'on compare en effet nos œuvres à celles de nos rivaux !... — On a dit que nous avions été compromis à fond dans une affaire véreuse, que beaucoup même appellent affaire de *trahison*. Que ne dit-on pas !

On a énormément exagéré, n'est-il pas vrai?... On a résolu « ce problème » avec une sorte de chauvinisme tout français, et la passion politique aidant, on n'a pas compris exactement nos efforts. Nous voulions calmer, on a dit que nous voulions étouffer *l'affaire*... « Rien ne nous est plus cher que la justice, *si ce n'est le droit.* » Nous n'insistons pas. *Nous sommes d'ailleurs couverts, sur ce point, par nos correspondants à l'étranger.*

Pour terminer, on nous permettra bien de signaler ce que nous venons d'accomplir et quel coup irréparable nous venons de porter à notre seul concurrent. Nous en triomphons... sans bruit, et nous lui faisons ignorer l'importance du résultat. Il croit même qu'il est pour quelque chose dans l'événement ; il pense qu'il a tout conduit et se réjouit de ses ruses officielles : *il nous vante son honnêteté.*

Tout le monde comprend ce dont il s'agit...
Nous avons donc amené nos adversaires à agir
en Espagne, et ils s'y refusaient : chacun se le
rappelle. Nous venons d'embrouiller leurs
fausses cartes. Ils ne se reconnaissent plus
parmi les figures de jeu que nous les contrai-
gnons à étaler.

Le public, lui, marque les coups, et le moins
avisé, le moins au courant de la politique et
des finances répète : « Tout de même : c'est
bien joué, et l'*Agence Loubet* a du dessous. Elle
est bien implacablement compromise. Qui l'a
donc *marquée* ainsi ?... Elle voudra expliquer,
sourire. Elle se recommandera à quelques
anciennes puissantes Loges... Cette bande-là a
trouvé son maître : c'est celui... qui en commande une autre, plus active et mieux dirigée.
Faut-il changer notre sotte confiance ?... »

Nous dirons, nous : sans hésiter, changez...
et le bon public nous écoutera.

Dans l'attente de votre acquiescement et de
vos nouveaux ordres, veuillez...

29 DÉCEMBRE 1902

———

MAISON « ISCARIOTE » FRÈRES

COMBES ET LOUBET, SUCCESSEURS

M

Nous n'avons pas à vous rappeler, cette fin d'année, la solidité de notre maison, si avantageusement connue, si estimée sur notre *place*. Notre crédit est indiscutable, avec raison ; notre organisation est estimée ; nous sommes les agents des principales Loges françaises et les correspondants des plus importants *ateliers* des puissances voisines, et nos comptes sont facilement vérifiables ; nous offrons nos listes en communication aux meilleurs experts que l'on désignera. Qui pourrait donc en dire autant ?... Qui pourrait offrir des garanties avec une semblable *audacieuse franchise* ?...

Nos preuves sont donc faites et nous avons réussi, pouvons-nous dire, quelques jolies opérations. Le public a été séduit de notre habileté, jointe à une prudence active. De plus, nous n'avons rien négligé pour le satisfaire, et dans nos nombreux bureaux, et dans tout notre personnel, il a trouvé célébrité et discrétion, conseils expérimentés et souvent, avec bonheur, audacieux. Nous durons, nous nous soutenons, malgré les difficultés, les obstacles, et nous savons augmenter nos bénéfices annuels : nos inventaires en font foi. C'est bien cet état de fortune persistante qui nous a créé les plus terribles rivalités, les plus injustes critiques.

Nous pensions ne pas avoir à y répondre. On nous le conseillait d'abord, et, forts de nos droits et de notre honnêteté commerciale, nous aurions opposé le simple dédain aux calomnies répandues dans notre meilleure clientèle par des adversaires éhontés. Notre conseil privé, nos plus intimes souteneurs viennent d'en décider autrement. Nous envoyons donc aujourd'hui la présente communication.

A quoi se bornent toutes ces attaques, que nos ennemis voudraient grossir ? On nous en veut, simplement d'exister... et de n'avoir rien épargné pour *maintenir* notre bonne situation. Nous aurions pu être retenus par telles ou telles considérations, nous aurions pu nous embarrasser de scrupules ou d'hésitations, tenir compte de nos promesses, nous souvenir de nos obligations et de nos signatures, —oui! d'autres auraient agi ainsi, c'est une ancienne méthode, assez française.

Nous, nous n'avons été arrêtés par aucune de ces pensées, par aucune de ces remarques; la voix même de notre conscience, nous n'avons pas dû l'écouter, nous semble-t-il, et nous n'avons songé qu'à nos intérêts, —que disons-nous? — nous n'avons eu en tête et au cœur que les intérêts et les gains de nos clients.

Où serions-nous actuellement, si nos façons de diriger nos affaires avaient été traitées suivant des habitudes trop mesquines dans leur honnêteté?

L'essentiel et l'honnête seront toujours pour nous « de faire gagner de l'argent » à ceux qui nous honorent, en nous confiant le leur. On nous soutenait, on nous voulait à la tête de mille entreprises. Qu'importe donc la nation, qu'importe l'intérêt général, qu'importe la dignité, la loyauté, les hautes vertus !...

Cette marche nous était-elle utile? Etait-elle seule capable d'abattre nos rivaux, capable de nous maintenir ? — C'est donc la bonne, celle qui convient à notre caractère, à notre race, à nos traditions personnelles. Et ce qui le prouve, c'est la confiance, qui nous a été maintenue dans bien des milieux politiques et financiers.

Nous pouvions craindre quelque surprise parmi ceux qui nous avaient encouragés à nos débuts : nos mensonges profitables auraient pu un peu les étonner, notre tactique les surprendre. Ce n'est pas en effet dans les habitudes courantes. Par un instinct merveilleux cependant, on nous a applaudis, et on a compris que nous travaillions pour nos chers *initiés*. Tout a été admis, de notre part ; et vraiment, nous avons été bien soutenus ! Nous n'avons pas du tout dégoûté l'opinion publique, chez les modérés, les scrupuleux, les soi-disant nationaux. Nous le constatons avec orgueil : nous ne sommes jamais désavoués et on comprend notre intelligence des affaires.

On nous a excusés de nos manœuvres, et on a été plein d'indulgence pour nos coups d'audace. Au dire de beaucoup, aujourd'hui encore, nous sommes toujours « la bonne maison, le comptoir nécessaire ». On nous donne commandes sur commandes, on se fait gloire de nos succès et on nous charge même d'opérations délicates *à l'étranger*...

Cependant, on a osé, ces jours-ci, répétons-le, attaquer *la maison Iscariote frères:*

Quelques-uns ont tenté d'atteindre dans leur crédit et leur honneur leurs honorables successeurs, MM. Combes et Loubet !

Ils ont répandu des bruits perfides contre ces deux remarquables directeurs. Ils ont semé brochures et circulaires mensongères.

On veut nous supplanter sur le marché. On prétend que *nous sommes compromis et perdus...*

Or, nous n'avons plus à nous défendre : nos travaux, nos dernières réussites parlent pour nous. Le monde des affaires est fixé et nous conserve son estime.

Les premiers citoyens du pays se font un devoir de nous garder leurs ordres et activent autour d'eux-mêmes, en notre faveur, une sorte de propagande. Ils nous défendent mieux que nous ne le ferions et expliquent toutes nos opérations. On bénit nos œuvres, nous en sommes fiers, et nous avons su soutenir la bonne réputation de ces excellents magasins *de l'Elysée* que tant de gens guettent, malgré leurs dénégations. En face de ce consortium d'hostilités basses, en face d'un syndicat dont nous connaissons le principal auteur, il a cependant été jugé nécessaire, par nos conseils, de rappeler en quelques mots ce que nous avons accompli et les *principes* mêmes qui nous ont guidés. Ils ressortaient de notre passé. Ils vous garantissent l'avenir, et nous ne nous départirons pas de leur utilisation, trop heureux des résultats obtenus jusqu'ici.

Certains, sur la place de Paris ou d'ailleurs, crieront bien quelque peu et encore quelque temps que nos procédés sont canailles et antipatriotiques et qu'il faut nous traiter de *voleurs* et de *menteurs*, nous démasquer, et qu'il est honteux et dangereux de nous laisser plus longtemps dans le monde des affaires... Ce sont des envieux, sans doute. Ce sont des partisans de nos pires ennemis, de ceux qui veulent nous déloger, nous ruiner — et vous avec nous. Ce sont quelques hallucinés, des réfractaires cléricaux, des monarchistes imbéciles...

Ce sont surtout de *mauvais républicains* : ils devaient, en effet, garder pour eux ce qu'ils ont vu dans notre jeu, qui est le leur : on ne doit pas se trahir entre complices, et ils devraient nous aider plutôt à fortifier encore la confiance qu'on nous abandonne, si facilement, dans « notre chère patrie ».

Vous voudrez bien, M..., nous continuer la *vôtre*, comme précédemment. Nous emploierons *tout* pour la mériter, et vous faire profiter de nos peines. Vous comprendrez avec nous la solidarité qui nous lie, et si bientôt quelques difficultés surgissaient contre nous, vous seriez des premiers à nous les aplanir, en ratifiant par avance notre zèle maçonnique et judaïque.

C'est celui avec lequel nous avons l'honneur d'être...

AMI — AMIE

SON 1ᵉʳ JANVIER

— Ah ! cette Thérèse !...

Le voilà seul, tout seul... Il le sent, et il en est satisfait. Pendant ce jour, en effet, cela a été le développement forcé du programme habituel : réceptions, visites reçues et rendues, harangues, saluts, félicitations, assurances... sourires, vœux, espérances, et *le petit homme* s'avoue « qu'il en avait assez ». C'est naturel.

Il a pu, à peine, en courant, recevoir le matin les effusions plus sincères des siens et celle de ses rares familiers. Le soir, assez tard, on lui a permis d'entendre les plus doux compliments de sa famille, des jeunes, des petits, des enfants.

Car il en a quelques-uns, et leurs influences devraient l'instruire et le mieux aider. Souvent, il lui arrive de ne savoir comment s'y prendre pour se disculper : il sent, malgré lui, qu'il y a, venant d'eux, des questions bien embarrassantes et des réponses encore plus pénibles à faire. Mais il se doit à *ses ordonnateurs*, il doit servir en tout *ses maîtres* ; c'est ainsi qu'il veut donner l'exemple d'obéissance à ses devoirs républicains.

En ce moment, il n'est pas fâché d'être débarrassé de ceux de sa charge éminente : il est heureux de n'être plus l'*auguste personne*, dont il a été tant question dans la pompe officielle et les discours des hauts dignitaires *endimanchés*, courbés devant son habit...

Il est « accommodé de nuit », il va se reposer, il tressaille d'aise dans ses pantoufles... Il est des instants où cela est bon d'être moins que le dernier des rois !...

« *Paul* » — c'est ainsi qu'on l'appelle — « *agent n*° ..., *Elysée* » — pour la Sûreté, qui ne le connaît que sous son numéro — le serviteur, adroit, fidèle, *casserole* commode et brillante, apte à toute besogne, investi de délicates missions, dépositaire, malgré son humble besogne de demi-domestique, de secrets d'Etat, lui a remis, ce soir, un petit papier, adroitement... et il va pouvoir enfin le lire.

Il le devine, ce poulet attendu. Il est un peu

troublé, cependant. Il le palpe... Pas d'adresse, pas de signature. Il ne s'y trompe pas, il sait qui le lui fait parvenir. Il l'attendait ce mot. Sera-t-il tranquillisant ou inquiétant?

Il savoure cette anxiété, puis son thé, et tire encore quelques bouffées... Personne ne l'épie ?... Il connaît en effet ces surveillances policières, qui vous trahissent et vous désha-billent, et *vous volent votre vie*. Oui ! il est bien seul...

Et « *l'ami* » se met à lire... et sans grand effort, il lui semble l'entendre, elle : *l'amie* !...

. . . .

« D'abord, merzi, merzi... Je suis confuse, en vérité, gênée. Nous avons été trop bien traités. Il y a eu là une faute d'excès de zèle. Ze vous en veux presque de vos ordres trop bienveillants. Oui ! Un plus modeste wagon aurait suffi, et surtout moins de chatteries, et moins d'attentions auraient mieux fait notre affaire. Ce n'était pas adroit.

« Ce traitement privilégié, cette situation de favorisés, de prisonniers généreux, c'est un peu scandaleux pour les autres inculpés, pour les pauvres diables. Qu'est-il arrivé? On nous a zifflés, positivement... Z'en étais vexée pour vous. Qu'on veuille donc *mieux* nous protéger, à l'avenir. On ferait *voir la ficelle*, et il ne faut pas abuser d'une telle audace.

« C'était important : *ze* l'ai dit tout de *zuite*.

« — Vous vous rappellerez de ma voix connue... et cela vous réjouira. —

« En *tout cas*, rien de cassé, n'est-ce pas ?... Entendons-nous vite, entendons-nous bien : entre nous, j'ai peur d'une *sottize*... [Quelle habitude !] Je crains surtout quelque maladresse des miens, qui n'ont pas ce que vous appeliez tous, dans nos bonnes soirées : « *mon sacré toupet !!!* » Ah ! ils ne sont pas tous de ma force, de *notre* force ! Ils vont gaffer, et avouez qu'il y a parfois de quoi... se tromper. Vous nous avez fait passer souvent par de fameuses transes, et il y eut de l'imprévu dans nos prévisions et de la fantaisie inquiétante dans toutes nos ententes. Il faut être rudement adroit pour comprendre toutes vos ruses successives...

« Et la preuve, c'est que je me suis un peu *blouzée*, j'ai mangé quelques morceaux... à Madrid... *Z'ai* dit ceci, cela ! Aussi bien nous ne savions plus qui était ami, qui était complice, qui était pour, qui était contre ; nous ne savions plus si on nous soutenait, si on nous lâchait.

« Mais il n'y a rien de perdu! *Ze* me charge de rattraper mes demi-aveux. Puis, tous ces rusés journalistes, ils nous ont embrouillés...

« Une chose toutefois ne me paraît pas clair: voyons, Waldeck... est-il actuellement de mèche, ou pas? Il faudrait s'entendre. Faites-moi avertir. Donnez-moi, *ze* vous prie, une ligne de conduite plus nette.

« Cela nous sera difficile, peut-être; cependant convenons bien de nos rôles. *Les cléricaux* ou quelques moindres nigauds pourraient découvrir la vérité...

« Une précaution, qui vous semblera naturelle et qui vous fera plaisir, dans votre prévoyante bonté, c'est que nous avons mis de côté quelques *poires* pour la soif ultérieure... — *Ah! les poires!*... — Je ne chante pas tout haut.

« Enfin, il n'y aura de livré que ce que nous... que ce que je voudrai bien. Ceci n'est pas une menace, c'est un simple avis. Nous, nous mettons les autres *dedans*..., mais nous... bien qu'en prison... on ne nous *tient* jamais...

« *Paul* » est une *sûreté*... je le sais. De plus, Ève peut aussi être utilisée pour communiquer entre nous. Elle viendra souvent nous visiter.

9.

« Que personne donc ne s'inquiète. N'ayez tous qu'une crainte très relative... Tout sera encore mieux étouffé que pour Panama. Ne trahissez pas, je ne trahirai pas. Et nous reprendrons — après quelque temps d'*épreuve* pour moi, s'il le faut — nos utiles et délicieuses relations.

« Qu'on ne me ridiculise pas trop, toutefois, qu'on ne me jette pas trop brusquement par-dessus bord; *car* nous sommes tous de la *même galère*, brillante, et bien républicaine... Donc, à toujours, zer ami.!... Souvenirs à Madame. Amitiés aux enfants... Et pour finir, je me demande une chose : Est-ce que nous nous serions trop *fiszu*... du pays?... »

Et l'*ami*, après cette lecture intéressante, se prit à réfléchir. Il ne souriait plus... en face de ce cauchemar, en face de « cette sale affaire... »

23 JANVIER 1903

LETTRES D'UN PETIT SOLDAT

TROISIÈME LETTRE

A Monsieur Pierre Durand, dit Bonhomme, culti-vateur à Saint-Louis-sur-Erve (Sarthe-et-Mayenne).

Mon cher Pierre,

J'aurais voulu te remercier plus tôt de ta bonne lettre, qui, au commencement du mois, est venue m'apporter tes souhaits et des nouvelles du pays... Pour la santé, cela va assez bien, et cependant, elle est exposée, cette précieuse chose que l'on nous recommande tant, que l'on estime à un si haut prix et que l'on nous ordonnne de garder avec grand soin. Mais le froid, l'humide, la boue, l'alcool, les apéritifs, les excès trop joyeux, les fêtes civiques et militaires, se rient pas mal des prescriptions sanitaires, des règlements, des affiches, des conférences et des conférenciers, de la médecine et de messieurs les médecins.

Parfois, cependant, la maladie et ses conséquences deviennent inquiétantes. On ne peut pas ne pas voir certains vides. La grippe, appelons-la influenza si tu veux, en pousse des tas vers l'hôpital, et tous n'en reviennent pas. Il y a trop de fusils sans maître au râtelier d'armes !... Et nous ne sommes pas déjà trop nombreux !...

Tu ne croirais pas que ces maudits rhumes nous déciment presque autant, à la caserne, que les plus graves maladies (typhoïde et tuberculose). Chacun hurle *sur* ces dernières : ce sont, paraît-il, nos pires fléaux. Celui qui les ferait reculer serait un fameux *capitaine*. On espère y arriver un peu — du moins à les diminuer — par une méthode assez singulière et effrayante : on vous *fourre* ces maladies-là, et une fois que vous les avez eues par ce moyen, vous les attrapez moins, après. Je ne puis te donner tout le détail du procédé ; c'est la médecine future, dit-on. Il faut surtout espérer que, de la même façon, on vous *injectera* bientôt la santé, le courage, la belle humeur, l'espérance française et toutes les qualités rares du *fini* troupier.

Il y en a ici quelques-uns qui en auraient vraiment besoin. C'est une fameuse maladie que la leur, c'est une idée fixe, une sorte de fièvre maligne et honteuse : ils veulent tous être « ordonnance ». Il en faut, je le sais, je le comprends ; l'officier a besoin d'être aidé pour fournir, lui aussi, un meilleur service. Mais quelle rage ont tous ces *bleus* d'atteindre ce poste assez commode en temps de paix ! Ils y flairent un tas d'avantages. Ils y voient un moyen facile d'éviter des obligations plus rudes. Puis, cela indique un état d'esprit inquiétant : c'est à qui inventera quelque nouveau *truc* pour se placer dans le nombre des non-combattants. Et le pays a surtout besoin des *gars* qui voudront faire le coup de feu, *convaincus* de la nécessité que nous aurons d'arrêter, une fois de plus, « les hordes germaines », comme dit notre oncle, le vieil instituteur qui connaît bien nos *chers* voisins...

Tu voudrais savoir, mon cher ami, le détail de nos « rigolades » vers le 1er janvier, à l'époque bénie des saintes étrennes. Chacun de nous avait reçu de sa famille quelque *sous*, bien entendu. Beaucoup même avaient touché des mandats trop considérables, des bons de poste de richards : les parents, de plus en plus, ne sont guère raisonnables et rivalisent indirectement entre eux. « Il faut bien que

notre fieu se réjouisse avec ses petits camarades ; il faut bien que ce pauvre enfant ait son
plaisir, il faut bien qu'il s'amuse, qu'il boive !.. »
Et le petit soldat attrape une forte *cuite*... et
quatre jours de punitions diverses, grâce à son
excellente famille. Tout et tous nous poussent
vers le cabaret, vers la cantine, vers le comptoir
et le débit. Chacun crie cependant : Mort à
l'alcool, livrons-lui de quotidiennes batailles,
lui qui fait carnage des petits « pioupious »
français.

Il faut dire qu'il y a heureusement de
grands progrès. Il était temps ! Tu te rendrais
compte toi-même qu'on ne *pinte* plus aussi
sottement. Ce qu'il y a de fâcheux encore, c'est
que les bonnes habitudes qu'on a tenté de
nous donner au régiment, nous ne les gardons
pas assez une fois rentrés dans nos « belles
campagnes ». Tu peux bien l'avouer, mon
vieux, on *avale* trop chez nous... Cafés, pousse-
cafés, glorias, rincettes, sur-rincettes, etc.,
etc., et toute cette absorption, tout ce lavage
dangereux, sous les moindres prétextes. Le
dimanche, tu sais comment cela se passe, et
beaucoup de fermiers et beaucoup d'ouvriers
agricoles ne rentrent chez eux que fort tard.
Ils ont eu des raisons pour s'attarder dans les

auberges, il leur a été impossible d'éviter les « politesses ». Tous les cabaretiers *rigolent* de ces habitudes-là, de ces faux besoins-là.

Personne ne pourra jamais démontrer qu'il faille ruiner sa bourse et sa santé... pour réussir dans ses affaires. Dites donc, bonnes gens, votre femme, la vaillante ménagère, elle boit moins que vous, — heureusement !... — et elle ne s'en porte pas plus mal, et toute votre maisonnée aussi ? Ça devrait vous instruire un peu.

Pour nous donc, au régiment, je puis te l'assurer, tout s'est passé assez calmement ; on a hurlé sobrement. Il n'y a que moi qui aie pu chanter quelques couplets assez propres, d'un patriotisme de bon aloi. Les autres criaient à tour de rôle quelques sottises des bas concerts. Ils ont tout de même assez bien repris les refrains de mes bonnes chansons. N'oublions pas aussi qu'à l'école — nos fameuses écoles !... — toute cette jeunesse (avenir de la race) est censée avoir appris à chanter les plus beaux sentiments, d'une façon vigoureuse et remplie d'élan. De plus, les cours d'adultes — les fameux cours !... — auraient pu servir à les entretenir dans les idées les plus saines et les aspirations « vraiment glorieuses... »

Eh bien, mon cher Pierre, on sent trop souvent que le *cœur n'y est pas* : tous les gars de chez nous ne chantent plus !... Ont-ils peur d'être entendus... là-bas... au delà de la frontière de l'Est ? Ce qui serait un bien pour eux, ce serait de se frotter un peu avec les matelots, avec les gais *mathurins*, qui boivent bien un coup, c'est vrai, mais qui n'ont pas peur de s'étrangler aussi, en « gueulant » un peu fort contre l'Anglais... et « autre sale poisson... »

Toi, « mon pays », continue de te souvenir de ce que nous avons chanté, de ce que nous avons aimé ensemble. Plus je vais, — quoique pas vieux et bien que je n'aie pas couru loin, — plus je vois que les anciens, nos chers parents, étaient les vrais et les meilleurs savants et que nous ferons bien de nous *tenir* à ce qu'ils nous ont dit : « qu'il n'y a rien de plus beau que notre clocher (même s'il est un peu de travers), qu'il n'y a rien de plus sain et de plus utile qu'une belle étable remplie d'animaux de choix, chacun suivant ses moyens ; qu'il faut payer son dû... tôt ou tard... ; que les gendarmes ne sont pas contre les honnêtes gens ; qu'un *failli* chien ne vaut point un évêque ; que les paysans de France sont les plus nombreux travailleurs, qu'ils se compteront et qu'on comptera avec eux. Et voilà !... »

Mon grand-père ajoutait : « Notre curé a bien droit à son pain, *et le bon Dieu est* DE PAR *chez nous...* »

Tu le vois, je ne change guère et même je ne change pas ; dis-le à nos parents, autour de toi. Je pense bien à eux ; je ne puis cependant leur écrire à tous.

Maintenant, causons un peu de tes récoltes. Et d'abord, ton blé, comment va-t-il ?

. . . . , ...

2 JANVIER 1903

LETTRES D'UN PETIT SOLDAT

QUATRIÈME LETTRE

A Monsieur Durand-Bonhomme (Félix), ancien instituteur, Sainte-Vallée-en-Treulon (Mayenne).

II

Mon cher oncle et parrain,

Je vous ai écrit au commencement de janvier, suivant ma respectueuse habitude ; je veux le faire encore ; je vous dois compte d'une visite que je viens de rendre, comme une sorte de pèlerinage ; c'est la seconde fois que je l'accomplis. On peut plus mal employer son temps, vous le verrez... Je sens que vous comprendrez, mieux que personne, mes émotions et que vous ferez avec moi quelques comparaisons forcées et instructives.

Si j'ai pu les subir, les trouver, c'est à vous que je le dois : vous allez donc juger vous-même votre « œuvre éducatrice ». Pensez-vous que vos successeurs actuels ont les mêmes soucis, les mêmes soins pour diriger les cœurs et les esprits qui leur sont confiés ; pensez-vous que beaucoup de conscrits, parmi notre « belle jeunesse française », si républicainement instruite, sentiraient ce que vous nous avez appris à *vouloir* éprouver, en face de quelque glorieux fait de notre histoire, de *toute* notre histoire nationale — qui ne date pas du tout d'hier ou d'avant-hier ?

Je suis donc allé revoir et resaluer... « l'Autre ». Je me suis penché de nouveau, et toujours ému, sur « l'abîme pompeux » où il semble dormir, et j'ai *voulu* écouter, et j'ai *voulu* entendre, ainsi que vous nous l'avez recommandé, ainsi que vous avez dû me le commander à moi-même, particulièrement... Mon cher oncle et maître, *j'ai entendu...* et j'ai compris ce qu'il est utile et sain de savoir comprendre pour être digne de son pays...

Nous étions là quelques « tourlourous », des gradés et des simples soldats ; tous parlaient bas : on a beau dire et faire les *farauds*, les scientifiques, les intellectuels, les perfectionnés, les gars de « la troisième République », ça vous remue, ça vous réchauffe et ça vous fait du bien.

Il dort, « l'Autre », il ne bougera plus... et cependant, il est vivant, il remue... *dans nous,* et c'est ainsi que cela doit être, ou nous sommes fichus, et pour longtemps ; moi, je le sentais bien, et les autres aussi...

En face de ce tombeau, sous ce dôme doré comme un casque de triomphateur, au milieu des drapeaux et de ce silence *animé*, allez donc enseigner à nos futurs défenseurs, à tous nos enfants, que Napoléon n'a été que le pire des malfaiteurs et que son épopée n'est qu'une blague sanglante !

Mais... l'Anglais, qu'il méprisait et qui l'étrangla ; mais... l'Allemand, l'Italien et l'Autrichien qu'il rossa, et le Russe aussi, mais tous nos anciens ennemis, comprenant mieux que nous notre passé, qui nous soutient encore, protesteraient et crieraient pour nous en l'honneur de César, en l'honneur d'un chef victorieux et libérateur de la patrie !

Cachons-leur bien notre stupidité, et la bêtise de nos savants instructeurs modernes, qui veulent que nous crachions sur nos grands hommes et qui n'admirent que les plus bêtes théories, qui ne savent répandre que les plus dangereux principes, en l'honneur et *au profit* de l'étranger.

Je n'invente rien, *puisqu*'un professeur très diplômé enseignait « qu'il fallait planter le drapeau dans le fumier », comme « à la seule place qu'il méritât », et que le coquin a été acquitté par un jury français et qu'on a seulement déplacé « ce poison vivant » — au lieu de le condamner à disparaître complètement.

Fallait-il lui crier ces choses à « l'*Autre* » ? Fallait-il lui dire ce qu'on nous conseille à nous « *les jeunes armés* » de la nation ? Fallait-il lui révéler la propagande anarchiste et internationaliste qui s'active dans nos casernes ?

« Que font donc vos chefs, que fait donc le peuple, qui souffre un tel état de choses ? Êtes-vous devenus tous anglais ? Êtes-vous vendus ? Oubliez-vous ce que nous fîmes ensemble, et ce que vos pères ont autrefois, avec d'autres grands capitaines, accompli en Europe ?... Abattez donc, de suite, vos arcs de triomphe, brûlez vos drapeaux, démolissez vos temples, coupez vos ponts, fermez vos boulevards ; effacez, rayez, détruisez, *changez-vous*... et mendiez la main de vos vaincus d'hier, malgré leurs chances récentes ; allez donc au-devant de toutes les hontes... *Elles* ne voudront pas même de vous !... L'ennemi serait écœuré, et il vous utiliserait simplement pour son négoce personnel. Voilà ce qu'on a voulu que vous soyez, et

ce que vous allez être... Détruisez donc enfin
ce monument lui-même, et défendez à la France
de se souvenir même tout bas du nom qu'il
rappelle... »

Oui ! Je l'ai entendu, comme un vieux gro-
gnard..., j'ai entendu l'Empereur parler ainsi,
et je jure qu'il avait plus raison que ceux qui
nous pervertissent et nous débaptisent, et nous
feraient « changer de peau ». Ah ! chez moi,
cher parent, cela n'est pas du tout la même
histoire !...

Il y a, à mon régiment, quelques hommes
venus du côté de l'Est : ils savent un peu les
habitudes militaires de nos séduisants chou-
croutards. Ceux-ci ne sont pas assez sots pour
démolir leur utiles gloires : ils *déifient* leurs
dieux, et ils s'en trouvent bien. Voyons, messieurs les trafiquants, c'est une maladresse que
de déprécier *sa* marchandise et c'est ridicule
de se couper les jarrets... pour mieux courir.

Dans chaque armée, on commande, on
impose le respect des choses saintes et nationales, on inculque une grande réserve intelligente dans les esprits et une pieuse retenue à
tous, pour faire comprendre qu'il y a des idées
et des principes qui sont hors de toute

atteinte et de toute discussion... Les autres « guerriers » ne sont pas plus bêtes que nous, et les autres conducteurs des troupes étrangères les aiment et les respectent autant que nos chefs actuels peuvent nous être dévoués. « L'Autre », qui dort d'un œil..., l'a dit : « Nous sommes devenus tous fous ! »

J'avais envie de *lui dénoncer* que l'armée française paraît trop nombreuse, que le temps de service militaire est jugé toujours trop long ; que, avec quelques mois seulement, on prétend former des cavaliers, des artilleurs ; que la *sainte* égalité est tout, que bientôt on coupera le dessus de la tête à ceux qui auront un mètre soixante-quinze, ou approchant... ; que le soldat a des assiettes, des serviettes, et un vilain uniforme... qu'on *placarde* la désobéissance et la trahison... que le théâtre, l'affiche hurlent la haine contre l'officier ; que voilà bien, dit-on, l'ennemi du soldat : celui qui dirige ou entraîne et qui pourrait oser « commander de mourir » pour le pays, pour une idée... ; que quelques-uns protestent à la tribune, mais sont au fond de fidèles amis et complices de ces dangereux citoyens-là, faux démocrates, faux patriotes, insensés et perfides, que tout gouvernement honnête enfermerait vite...

parce qu'il a le devoir de défendre le patrimoine commun... et que ces *injecteurs* de folies et de mensonges sont à briser — tout simplement !

J'avais envie de *lui* dénoncer ceci, cela, celui-ci, celui-là, j'étais tenté de l'appeler à l'aide, de lui dire *tout : qu'on désarme* indirectement, sournoisement... nous !... que nos grands politiciens et penseurs malins comptent que nos vigoureux voisins en feront bêtement autant, que nous devons donner cet exemple, progressivement au moins... et que l'histoire future sacrera, comme un progrès, notre maçonnique bêtise. Bien entendu, quand les électeurs s'effrayent pour leur épargne [vous l'avez lu...], on atténue, on explique la chose dans les cabarets : « les *casseroles rurales* » font briller qu'il ne faut rien exagérer, et chantent sur un air préfectoral et officiel, *dans nos campagnes,* que « ce serait bien mieux qu'il n'y ait plus d'armée et que le progrès *républicain,* amène la réalisation de ce beau rêve, ô mon frère !... »

Ce sont de telles assurances, en face des *nécessités* de l'armement permanent, intensif et toujours perfectible, qui donnent bien du cœur à nos *bleus* ! Ils sont déjà dégoûtés et lassés avant d'arriver. « Il ne luira donc pas ce jour de la facile paix? braillent-ils : rien faire, café, tabac, et le reste, considération et gratifications, retraite et pension. »

Voilà ce qu'ils chantent ouvertement et en pestant contre la lenteur des mois de caserne. Et les moins mauvais parmi nous sourient, pleins d'indulgence intéressée, en affirmant pour tout blâme de ces lâchetés courantes, que *c'est naturel*. Il est encore bien plus *naturel* que de telles sottises et de telles canailleries nous jouent de vilains tours, tôt ou tard ; il faudrait être bête comme une limace naissante, pour ne par s'inquiéter. Le moindre de nos ouviers agricoles est de notre avis, dès que nous lui expliquons le danger de ces utopies. Elles courent les rues cependant, et les cours du *quartier*, et nos chambrées. Vous ne le savez pas assez, vous tous qui vivez en dehors des grandes villes.

Il n'y a pas que « le petit caporal » dans ce beau Paris, qui en est estomaqué et scandalisé... Et Henri IV sur le Pont-Neuf, que dira-t-il ?... Et Louis XIV sur la place des Victoires ?... Et le maréchal Ney — le brave des braves ?... Et la bonne Française, la vraie et chrétienne patriote, Jeanne d'Arc ?... Et tous nos héros, tous nos braves, tous nos apôtres, tous ceux qui ont prodigué leur sang pour nous faire vivre? Et tous nos grands généraux et tous nos puissants militaires, à l'époque de nos rois ?...

Mais, nos mères elles-mêmes, si elles savaient ce qu'on nous laisse entendre, ce qu'on nous conseille de voir et de lire, *nos mères*, qui nous chérissent, auraient cependant assez de vertu pour protester; elles ne veulent pas qu'on nous vole à elles et qu'on nous *change*... sous le prétexte de comprendre mieux nos intérêts physiques que tous les régimes passés. Elles n'ont pas résolu de *fabriquer* des esclaves pour les juifs habiles, — même si ceux-ci promettent de nous engraisser tous...

Vous avez lu, mon cher oncle, que le grand danger que courait l'armée actuelle vient enfin de cesser : les cercles catholiques sont interdits, *mais*, nous devons changer d'église et de sacristie, car nous devons nous affilier à la Loge officielle de notre ville de garnison ou figurer fréquemment dans d'autres œuvres bénies par elle, et toujours au nom de la liberté...

« Tu seras de telle *confession*, petit soldat, tu ne nous échapperas pas, et tu rentreras dans tes foyers en électeur bien préparé à nos services. Tu apprendras... les nouvelles marques de respect à tes gamins, et tu leur enseigneras, sans tressaillir, à regarder le drapeau français et leurs supérieurs militaires, quels qu'ils soient. C'est un *linge* coloré, voilà tout ! Ce sont de vieux hommes déguisés, voilà tout !... Il n'y a de différence et de vrais grades que dans nos convents... Maintenant, s'ils doivent, tes moutards, se faire démolir... la figure un jour... dis-leur bien de ne le faire que s'ils sont bien *convaincus* de l'AVANTAGE de la chose... Les esprits ont progressé, qu'est-ce que vous voulez !... On ne marche pas, comme ça, à la victoire, en chantant. C'est bon dans les auberges, les soirs d'élection « honnête... » Aidez-nous donc à former l'armée de demain, la vraie, suivant nos besoins, à nous, ses maîtres du moment... »

Ne faites pas comme « l'AUTRE », mon cher parrain, en apprenant avec quelques détails ces singulières nouvelles et en connaissant les basses œuvres de nos « changeurs »; ne *sacrez* pas, ne *tempêtez* pas trop haut, ne dites pas surtout que je ne vois qu'un côté de la question ; mais surtout, surtout, ne croyez pas que tout soit désespéré et perdu... Nous échapperons, *malgré nous*, et les patriotards et les galonnards, petits ou gros, auront raison, et verront luire leur jour de triomphe.

De temps à autre, est-ce que vous ne savez

pas que le bien s'impose, le bien moral ou national ou politique? Est-ce que chez nous on ne se lasse pas, petit à petit, de sales personnages ? Est-ce que beaucoup, dans nos villages, n'ont pas assez de la tyrannie de quelques audacieux, sans autorité, sans honnêteté? Il faut vouloir s'en débarrasser, cela suffit.

Il faut même prétendre sauvegarder nos camarades, les petits soldats, oser crever les vessies internationales et dénoncer, — que ce soit des juifs ou des huguenots, — suivant nos moyens et notre position, ceux qui accomplissent à l'école et au régiment la pire des besognes : celle de nous mal préparer, *par calcul*, à nos meilleurs et à nos plus honorables devoirs. Ce qui prouve que nous nous *sauverons*, c'est qu'il en reste encore quelques-uns qui, malgré les difficultés, les haines qu'ils soulèvent, le ridicule qu'on voudrait jeter sur leur courage, savent démasquer tous les traîtres et tous les empoisonneurs et persisteront dans leur patriotique entreprise. On leur rendra justice bientôt. Que tous les braves gens les soutiennent mieux, dans l'intérêt général !...

Je n'ai pas eu la grippe aussi forte que vous croyez ; je n'ai pas voulu en parler *chez nous*, parce que...

12 FÉVRIER 1903

LETTRES D'UN PETIT SOLDAT

CINQUIÈME LETTRE

A Monsieur Jean Guerzillon, marinier, à la Bouëre-Galerne, Saint-Rémy-sur-Loire (Anjou et Vendée).

Mon ami Jean,

... Je le sais très bien que tu es venu à Paris par eau et que tu as pratiqué les canaux qui font communiquer la Loire et la Seine. Ce n'est pas un trafic courant. « Tout de même, on trouve à charger parfois, étant à Tours », et il n'y a pas encore si longtemps que les gars mariniers de chez nous apportaient de temps à autre ici, comme fine cargaison, quelques bouteilles de *notre* vin... à leurs « pays », employés dans la grand'ville, dans différentes positions — un nectar pétillant..., quelque chose de franc, d'honnête, un jus angevin, une bonne piquette saumuroise, qui vous sourit et vous inspire le cœur ! Du vin français !... C'est pas du thé, ni de la bière. Cela vaut

10.

mieux que les apéritifs étrangers. Chaque soldat a *sa* boisson, n'est-il pas vrai, et ses chansons. — —

Si tu avais de nouveau occasion d'effectuer ce détour, fais-moi signe et j'irai te recevoir avec honneur, avec quelques compatriotes. Apporte aussi un peu de soleil, une touffe de violettes, il y en a déjà là-bas…, une forte « miche », du vrai pain de froment, du pain de ménage, un demi-jambon, un pot de « rilles » et une douzaine de pommes ratatinées… Nous entendons les Bretons vanter leurs galettes, les Normands pleurer leurs ragoûts et leurs crêpes, et les Flamands regretter leurs pâtisseries et leur genièvre. Ils ont raison, tous ces petits soldats !… Et nous aussi, nous désirons tout ce qui nous rappelle, même indirectement, le village et ses joies.

Et comme les Bretons, les Flamands et les Basques, nous nous souvenons, mon gars, de notre *parler* et de sa douceur. Il est un peu mou, peut-être bien, il chante clair cependant… pour nous, mieux que « biaux violons et flutiaux », et ceux qui veulent nous le faire rentrer dans la gorge ne sont pas encore… créés. C'est attaché à la langue ces mots-là : par leur son on entend mieux « la mère », on entend « le père » ; et l'on voit *mieux* son champ, son chemin... — et son devoir — entre braves gens d'un grand coin de France, quand, avec un sourire ému, on se met tous à employer des expressions familières et connues, qu'elles viennent des bords de la Loire, ou d'ailleurs.

Certes, aucun de nous ne pense même à ne pas parler correctement sa langue nationale. Mais, mon ami Jean, si tu étais ici, tu sais bien que nous émaillerions nos dires de quelques *fleurs* particulières, dont toute la saveur serait, pour nous... Et puis, cela nous gênerait-il pour nous faire trouer... l'épiderme? Chacun comprend ceci : *En avant, « égaillez-vous » ! V'là les ennemis ! T'nez bon!!* Et ce sera là, vois-tu, la dernière et la meilleure chanson...

Et Bretons bretonnant, Flamands flamingeant, Basques béarnisant... les uns poussant ceux-là, tous dévoués, croyants enthousiastes, tous bons fils du sol sacré... avec leurs cris divers, leurs exclamations du terroir aimé... culbuteront les hordes maudites, les envahisseurs affamés !... Ceux-ci, souviens-toi, ont leur patois, leur langue différente. Tous s'unissent fortement contre nous, malgré leurs assurances amicales et rusées. Tous nous pénètrent et viennent s'installer chez nous. Tu verrais cette marée, à Paris! Ce sont ces parlers-là — et leurs inspirateurs, qu'on devrait pourchasser. — Dans nos campagnes, ils ont mille moyens de nous ruiner. Tu dois te rappeler ce qu'ils ont fait contre notre commerce depuis dix ans.

A propos, tu peux préparer de suite « Cabotin » ; il sera *reçu* ici, ainsi qu'il le mérite. Pense qu'il aura un matricule et que sa ration quotidienne sera soignée. Cela te coûtera de t'en séparer. Songe à son rôle !... Les autres armées en ont des chiens de guerre ; on fait bien de recommencer chez nous des essais.

Ton toutou sait flairer le gendarme, le douanier, le garde-pêche, quand tu tends des filets où tu as oublié de demander permission. Il sait grogner doucement, *indiquer l'ennemi*, l'éviter, te retrouver même caché, ce sera un parfait éclaireur, au bout de trois mois. Comment lui apprendre à traiter en « failli chien » un autre soldat français? Voilà le difficile. *Les autres* y sont bien arrivés... Nous les dresserons aussi nos chiens, qui sont de vaillante et célèbre race, et ils pourront deviner nos vrais ennemis. C'est ce que nous ne savons pas assez reconnaître : nos « cabots » seront plus fins que nous : ils démasqueront nos contrebandiers intérieurs, nos faux sauniers, nos « piégeux » politiques, nos « colleteux » d'écus, et ils nous avertiront des entreprises de cette fripouille.

Croirais-tu qu'elle pénètre jusque dans nos casernes ? On m'a dernièrement remis un ignoble « factum », un imprimé odieux. Et quelques-uns parmi nous, ami Jean, buvaient cette drogue sans trop d'hésitation. C'est à cet empoisonnement qu'on devrait mieux s'opposer. Je chapitre mes hommes en toute occasion, j'ai ce devoir, je ne passe pas à côté. On se fiche de moi. On me crée parfois quelques ennuis. Que veux-tu, cela ne m'empêche pas de recommencer... et, *comme un vrai député,* j'ai flanqué une tripotée au distributeur des chansons dont je te parle.

Il est allé se plaindre au cantinier (1) du 3ᵉ bataillon. C'est là, vois-tu, la plus haute autorité chez nous, c'est lui le colonel, c'est lui le chef, il paraît qu'il est haut gradé dans l'église maçonne, et ce nouveau « compagnon-là » n'admet pas de gêne ou de groupement similaire. *Il faut en être,* ou ne pas gêner leur prêche et leur sale besogne. Le cantinier (en voilà une canaille !) a voulu soutenir *son* employé distributeur... Cela fait encore un fourbi énorme.

Tu as lu que dans un régiment d'artillerie, le grand chef, le grand manitou, c'est un caporal bottier... Et dis donc : « vire la piaute en galerne !.» [pousse le gouvernail vers le nord-est], tu verras si tu fileras droit dans le courant... Tout au régiment est donc à l'envers !...

Tout est sens devant derrière ! La « chârte » avant les bœufs? Et le gouvernail a été faussé... Et le soc est cassé, ou mal affûté... En faudrait un fameux colon, un fameux brave homme, un « fini » matelot pour « ramarrer » et replacer chaque chose en son lieu et place ! Il aura quelque occupation celui-là !...

Tu as su ce qui s'est passé à Poitiers et à Nantes. On a peut-être exagéré... possible ; mais ce qui est certain aussi, c'est que tous ces bleus-là ont dans la caboche des idées sottes et criminelles, qu'on leur laisse s'y implanter, même avant de venir au régiment.

On leur perd la cervelle dès l'enfance, et à plaisir... Comme il nous sera commode, à nous autres petits subalternes, de tenir au feu nos tirailleurs émancipés et de les pousser au plus chaud... Mon vieux Jean, ils feront comme à Poitiers : la bombe ! On les a punis, oui... mais « fusillez donc » dès demain ceux qui les pourrissent et les préparent pour « les grandes boucheries ».

Tu te rappelles qui a dit ces vérités-là, Jean, et dans quelles circonstances elles ont été proclamées. Eh bien ! cela *veut* recommencer... On va reparler *de ce crime*. On va de nouveau fausser la jugeotte de nos petits pioupious, sans compter celle des autres utilités militaires ; on va leur reparler des droits de l'homme et du *citoillien*, des droits des coquins, des *droits des traîtres internationaux*, et on oubliera de leur fourrer au plus profond d'eux-mêmes que le pays, et que nous tous, nous avons des droits. *contre* ceux qui vendent, même gratis, notre patrie, et *contre* les défenseurs de tels criminels. On va insinuer que... nos chefs sont coupables, que leur état d'âme est mauvais et que nous devons *donc*... nous défier d'eux...

Puis, c'est pas tout ça : plus d'armée permanente, et allez donc !... La nation armée, à la bonne heure !... Et quand les grands malins le voudront bien, on ira les défendre, avec délire. D'ailleurs, tout le monde intelligent va désarmer...

Et tu crois que cela ne sert pas beaucoup à nos *chers* voisins?... Petit à petit ils nous musèlent par leurs *représentants*, qui chantent nos

mérites pour nous monter... l'imagination.
« Pourquoi les nommez-vous? C'est pain bénit..: »

Quand tu te laisses aller au fil de l'eau, de
grève en grève, de « rigolets en rigolets », — je
te vois d'ici et je voudrais bien y être, — quand
tu te sens bercé par la belle Loire, tout en chan-
tonnant le long des saulaies et des peupliers,
n'oublie rien... de ce que tu éprouves, de ce que
tu as appris comme nous, de ce que tu aimes !...

C'est toi, c'est nous qui sommes et serons
les bons, c'est nous qui sommes « du pays »,
c'est nous, qui avons le devoir de le défendre
contre le mal qui lui est imposé... C'est nous,
qui dénoncerons les nouveaux traîtres et les
marquerons... même avec notre sang !...

16 FÉVRIER 1903

LISEZ !... OH !... LISEZ !!...

ACADÉMIE PARLEMENTAIRE. — BOXE ET SAVATE. — LUTTES
ET PUGILATS.

Nécessité, courage, honneur, respect et dévouement.

A Messieurs les choisis du peuple,
Messieurs les sénateurs,
Messieurs les députés,

Un besoin se faisait sentir : celui de notre établissement.

Il devait être... il est !!

La lutte parlementaire l'a créé. La nécessité de ce combat et de *sa* science l'a imposé ; nous, nous le devions à nos maîtres, à nos protecteurs.

Quiconque veut être courageux, honoré, respecté, et redouté, vient chez nous.

Qui oserait donc prétendre que seuls les gens comme il faut ont leurs salles d'armes ?...

Chacun ses coups ! chacun ses méthodes et sa loyauté !..

LA-BAS, dans les anciennes maisons avec leurs

traditions surannées, pleines de réserve et de politesse bête, les naïfs patriotes, les dévoués, les va-de-l'avant, les nationalistes agités, les convaincus, les dévots à une idée...

Ici, sous notre direction pratique et semi-officielle, les zigs, les enfants de la veuve, les échappés des bonnes Loges, les purs, les *blocards*, les seuls républicains. *Aux autres*, les épées, les discussions, les armes de bonne compagnie, la chevalerie imbécile; *aux nôtres*, le couteau, le vulgaire *surin*, qui avance mieux les affaires que les intrigues sottes et lentes. Le coup fait... on essuie l'instrument, avec grâce et discrétion, aisance et souplesse... et toujours le sourire aux lèvres !...

C'est nous les grands initiateurs et instructeurs des derniers beaux combats parlementaires, des dernières tueries dans nos chambres. [L'étranger affilié nous a félicités: on peut le dire...]

C'est la bonne nature, qui triomphe par nous. Au plus fort la poche, et le profit !

Nous enseignons les coups perfides, les coups heureux ou traîtres, et nous sommes bénis dans les intérieurs bien républicains par les épouses inquiètes.

Nos leçons, nos principes font école, et l'on peut prévoir que nous obtiendrons, grâce au zèle de tous les dirigeants actuels, un joli pays... une agréable patrie, pour nos seuls élèves.

Nous ne pouvons donner ici tous nos prix et toutes nos conditions. Pour les connaître, il n'y a qu'à passer dans nos bureaux. Nous ne faisons qu'indiquer, dans ce premier prospectus, ce que l'on trouve dans notre Académie... [légère réduction pour les protestants].

Nous avons :

Souliers à talons métalliques et à bouts rigides renforcés — vêtements spéciaux, pour sénateurs « impressionnables » et députés « craintifs », paletots rembourés — jaquettes à armatures — gilets à pointes secrètes — faux crânes élastiques — toupets divers à ressorts (nuances variées) — dents armées (curare, sérum) — ongles nickelés (*fil* garanti)—plastrons en carton-cuir. [Nos articles sont *éprouvés* et se font sur mesure.]

Nous avons :

Masques nombreux (ministériels, d'opposition farouche, à sourires socialistes) — mains applaudissantes (très résistantes) — cris divers — odeurs gênantes — barbes indignées.

Nous livrons :

Revolvers à acides corrosifs—poudres asphyxiantes — tubes mous (sécrétions malsaines)— *crayon-stylet-lancette* (spécialité de la maison : cet objet ne dépare nullement une table de travail) — encrier massif à chaînette rivée (très solide), s'emploie comme arme de jet— verre d'eau tout *préparé* (sucre vomitif).

Nous donnons aussi :

Leçons de lutte malhonnête, à mains fermées (à terre et couché) — cours de morsures, coups dangereux, bras roulés, doigts dans l'œil, arrache-nez — coups du père François, etc., etc... —escrime catalane et navarraise, attaque et défense du blessé.

—Deux *Apaches*, jeunes et célèbres, sont attachés à notre établissement ; moyennant un léger supplément, ils conduisent leurs élèves s'exercer le soir, de temps à autre [mais nous déclinons toute responsabilité].

Nous enseignons :

Les blessures courantes, plaies factices, contusions graves, épanchements internes, déviations, etc. ; certificats de médecin tout préparés, procès-verbaux, etc...

Nous fournissons :

Témoins patentés (pour rixes et duels) —

balles fusibles, pistolets préparés, épées fragiles ou inégales [Nous avons l'habitude d'être chargés du repas, après la rencontre.] — remplaçants vigoureux pour séance tumultueuse (traiter à forfait) — *Sosies* bien grimés pour tournées électorales — appareils acoustiques et photographiques à placer dans les appartements des adversaires — agents secrets (mâles et femelles), *vulgo* casseroles — huissiers protecteurs, faux mendiants, faux obligés — etc., etc...

. . . .

Oui ! pour notre maintien, pour notre union, notre passé et nos droits,

Nous voulons contenter notre clientèle, nous y parviendrons : qu'elle demande, qu'elle se montre exigeante, tyrannique même, nous la satisferons, nous entendons la satisfaire...

Mais surtout, surtout que nos abonnés, nos élèves usent de nos appareils, que *nos* députés se servent de nos méthodes et de nos armes si commodes, *si canailles*... A eux, le triomphe ! A nous, la satisfaction maçonnique du devoir professionnel accompli !

Donc... se faire tous inscrire à l'Académie parlementaire !

Pas de succursale ! Pas de concurrence possible !...

Le pays... à vous, à nous... hier comme demain ! ! !

Le directeur : CognETOU,

Assassin diplômé — décoré de nombreux ordres juifs et sauvages — honoré de lettres ministérielles et présidentielles.

L'agent chargé du service de la publicité :

RÉMI
(brevets pédagogiques, élève-apache).

23 FÉVRIER 1903

LETTRES D'UN PETIT SOLDAT

SIXIÈME LETTRE

*A Monsieur Mathurin Durand, licencié en théolo-
gie, vicaire à Saint-Rémi-sur-Loire (Anjou).*

Mon cher ami, mon cher « camarade »,

Eh oui ! n'est-tu pas, toi aussi, un sous
officier, n'est-tu pas un futur « épaulettard »,
un « galonnard » religieux ? Comme moi tu
peux être appelé aux grands honneurs ; devenir
général dans la hiérarchie ; tu fais partie d'une
sainte armée, de la meilleure des troupes ; comme moi tu soulèves les pires haines, et tu es
autant détesté, monsieur le vicaire, que le petit
sergent, « le petit soldat » dévoué, amoureux
de son métier — quand même ! Tu es aussi
gêné et souvent entravé dans ton zèle que
l'humble serviteur et le batailleur convaincu
que j'entends rester, pour mon honneur et pour
le service de notre cher pays. « Fermez le ban ! »

Et ceux qui rient sont « de mauvaises grai-
nes ». Pour eux, pour leur carcasse malsaine,

la vraie place, ce serait le gras fumier, où un intellectuel patenté voulait planter la « loque nationale », qui nous fera tressaillir toujours, malgré lui et ses patrons maudits... Vois-tu que devant toi on blasphème lâchement la Croix, ton drapeau ? Tu bondirais, et tu ferais bien, et tu la vengerais, ce qui serait mieux. Protester niaisement ne suffit plus guère !...

J'ai lu sans trop approfondir, et pour cause, que vous aviez une assez jolie bande parmi vous autres, les conscrits sacrés. Qui est-ce qui a formé ces recrues-là ? Elles n'ont pas l'air de se *saturer* de bonne discipline et de se remplir l'intellect d'obéissance respectueuse. Vos colonels sont-ils trop bons ?

Toi qui es déjà un peu *gradé*, toi qui es un savant dans tes théories, toi qui es diplômé, ne lâche pas à l'occasion ces bouffis, ces faux scientifiques ; mets-les au pied du mur, ne crains pas de les combattre. Tu dois trouver de leurs complices autour de toi : ils se cachent, ils se dérobent ceux-là, empoigne-les, traîne-les dans la cour, devant tous, et tu auras raison de leurs « raisons raisonnantes ». *Dieu est Dieu*, l'abbé, et la fripouille rusée ne l'abattra pas, ne le diminuera même pas !...

Au régiment, sous d'autres masques, nous

avons aussi pareille engeance de comédiens dangereux. Le toupet ne leur manque pas. Il faut avouer que tout concourt à fortifier l'audace de ces modernes apôtres-là. On les écoute, on les soutient, on n'ose pas les punir, on veut que nous les croyions! Et ils enseignent, simplement, au point de vue social et militaire, les théories les plus folles ; ils nous prêchent *tout le contraire de ce qu'il y a de meilleur en nous*. Ce sont de mauvais citoyens. Au fond ils n'aiment pas leur patrie ; c'est plus commode de lui préférer l'humanité, et l'humanitaillerie.

Tu en frôles, toi, de ton côté, qui n'aiment pas Dieu... et qui savent déguiser leur mépris sous une sorte d'estime «d'historien reconnaissant et de bonne foi». Dénonce ces bêtes malfaisantes et protestantes, et cela publiquement. Nous, on nous pousse subtilement à la dénonciation pour plaire à quelques chefs. Mais ce sont les vrais soldats qu'on veut nous faire trahir, ce sont ceux qui sauvent les principes, que l'on voudrait nous faire attaquer ! Ces conducteurs-là que nous suivrions *trop*, on les destitue. Qui les vengera ?... Le pain de notre soupe, cher ami, devient un peu mauvais !...

Est-ce donc pour nous dégoûter du métier ? Est-ce pour empêcher que quelques-uns ne l'adoptent pour toujours cette profession d'instructeurs, « d'instituteurs militaires » ? A-t-on peur qu'il ne se crée comme un utile courant d'opinion ou de tradition ? Chez nous aussi, on veut être maître des maîtres.

Entends-tu ces jours-ci les beaux discours de nos « tribuns guerriers » pour assurer qu'il ne manquera jamais de sous-officiers rengagés et de caporaux rengagés, et de simples soldats rengagés aussi ? As-tu lu leurs pompeuses assurances politiques ? Et pour nous retenir, tu sais, à peu près, ce qu'on nous fait et ce qu'on veut nous faire faire ; je ne puis encore te raconter tout.

Ici, on nous impose une discipline *en dehors* de celle des règlements. Celle-là, elle est réduite à quelques menus préceptes. Elle est à demi effacée. On peut même souvent la négliger. Il est indiqué de n'en pas tenir compte, si elle contrecarre la discipline maçonnique. Voilà le vrai code militaire, entends-tu ! On en distribuera bientôt quelques exemplaires aux futurs « appelés », à *nos* futurs « lévites ». C'est déjà fait, cher ami. On a prodigué cet hiver aux jeunes soldats les brochures les plus odieuses, où tout ce que j'essaye de rappeler ici était exposé, fortifié, conseillé et imposé à quiconque veut réussir dans cette carrière. Et on affiche que *toutes* sont libres, et on assure, en jurant de son amour patriotique, que nous ne manquerons jamais de rengagés !... « On y mettra le prix ! »

Oui, les futurs combattants accepteront les primes... Savoir toutefois si le pays « en aura pour son argent ». Et comme il faut se faire bénir près des électeurs, tous nos chers représentants voteront tout ce qui leur paraîtra *agréable* à leurs « nommants ». J'ai vu ça de près chez nous, et je sais ce que ton député a dit chez nos vieux parents. Ceux-ci paraissaient. inquiets ; ils sont en effet un peu au courant. « Le vingt-cinq francs » leur a expliqué « que tout était arrangé et qu'il n'y avait plus rien à craindre, que le gouvernement n'aurait plus de guerre, et que même personne ne la ferait plus... et que par conséquent il y avait trop de soldats, que l'Agriculture », etc.

Tout ça, ce sont des boniments électoraux. Il faut réfléchir, et il faut réfléchir surtout avant les formidables « piles » que ces sots-là nous préparent, scientifiquement. Tous ces débridés-là, ces mauvais *matriculés-là*, dans ta troupe ou la nôtre, *c'est* tous des savants, et même des diplômés : ils n'oublient qu'une chose : celui qui a fait toute théorie, et celle qui pourrait bien mourir de leurs bêtises : Dieu... et leur patrie !

Puisqu'ils ont tant étudié, puisqu'ils sont si au courant de tous les progrès, ils doivent bien admettre un peu que d'autres peuvent, *autant qu'eux*, se rendre compte de ce qui se passe et des conséquences de leurs projets. Nous vivons assez avec les soldats pour juger un peu de ce qu'ils ont petit à petit dans la tête. Nous sentons nous-mêmes l'impression que nous cause, malgré nous, certaines utopies et certains FAITS,

Nous ne posons pas pour des sous-gradés transcendants, et nous ne demandons pas qu'on nous consulte dans les hautes commissions, mais cependant, étant donnés le mode de recrutement actuel, notre composition moyenne, notre habitude d'observation forcée, ne peut-on pas dire que notre humble avis vaut bien quelque chose?

Ah ! mon vieux, on écoute les maîtres bottiers, les maîtres tailleurs, les portiers-consignes, les gardes-magasins, et toutes ces personnalités, que leurs fonctions amènent à une petite stabilité. Ah ! on prend l'avis de ces sous-officiers-là...

Dans chaque régiment, il y a un ou deux représentants de la Loge prochaine. Chaque caserne a sa bande de mouchards attitrés et bien documentés. Malheur à qui ne veut pas obéir à cette église-là ! Et les officiers les meilleurs ne nous défendent pas assez contre cette propagande et cette indigne surveillance. On nous interdit les cercles catholiques, pourquoi nous obligerait-on à « ces temples », à ces sanctuaires païens, où l'on chante le lucre facile, la débauche naturelle, où l'on nous prépare comme futurs électeurs ? Est-ce pour ce clergé-là qu'on prétend nous retenir au régiment ? Est-ce pour cet office-là et ses bénéfices qu'on maintiendra à la caserne les sous-officiers et les caporaux capables et dévoués ? Tous instituteurs pour votants !

Car c'est la grande et seule affaire... Et même, nos pontifes et rois ministériels feront passer bientôt une loi où « tous les employés militaires » seront tenus de voter, selon les ordres précis et acceptés à l'avance de leurs chefs maçonniques. Et les députés maçons la béniront cette « loâ ! »

Alors on verra mieux apparaître le rôle efficace et tyrannique des maîtres cantiniers, des maîtres bottiers ou tailleurs, des adjudants retraités, des vieux musiciens, de tous ces bas délateurs, qui parviennent à se créer un rôle un peu durable au régiment ou à proximité des casernes et que *la Loge* sait utiliser et rétribuer. Si tu voyais la soumission scandaleuse de quelques hauts gradés !! Il a fallu des faits récents pour forcer les nigauds souvent volontaires à ne plus nier tous ces dessous de la vie militaire, machinations, complicités, traîtrises, qui correspondent à ce qui se passe dans le monde judiciaire ou financier.

. . . .

Sans tarder, tu devras te faire *initier*, mon cher abbé, et encore je ne sais trop si tu pourras trouver grâce devant nos « trente-troisièmes » — sorte de hautes canailles, tout pleins « de secrets archiconnus », qui se résument en ceci : « Il n'y a de règle que *notre* propre intérêt, et, en souriant, sachons jouer de la stupidité des autres, car il n'y a pas de justice dans l'au-delà. » Souvent « ces dignitaires-là » se trompent, Dieu aidant, dans leurs calculs, qui viennent échouer contre l'honnêteté intelligente des purs patriotes et des vrais chrétiens. Il y en aura bien, un jour ou l'autre, quelques-uns qui en *auront assez...*

Pour les changements législatifs militaires,

nous les suivons avec application. C'est forcé:
les journaux, chaque jour, et les « gazettis-
tes attitrés » nous remplissent la tête des
billevesées parlementaires. A la cantine, au
mess « de messieurs les sous-officiers », les
langues et les discussions vont leur train, et,
s'il n'y avait pas cette « casserole » de garçon
cantinier (Jules), tu penses que nous serions
heureux de bavarder. Je crois que cet employé, méritant et bien payé, doit être juif...
Il fait je ne sais quel commerce louche parmi
les hommes, il a toujours quelque sale imprimé ou adresse en poche. Cela ne l'empêche
pas de cracher sur les curés... et de recevoir
mon pied au bon endroit pour lui rentrer...
cette opinion.

Il sourit, avec d'autres, à l'adoption des
deux ans. « Les « ratichons » — c'est vous
autres, les autres *soldats* — vont faire un nez ! »
Et ils gambadent avec des gestes de leurs
« ateliers ». Ils pourront bien gambader, cela
n'empêchera nullement les vrais, les bons
parmi les séminaristes de se maintenir dans
leur volonté : ils ont un but, ils se sentent
appelés, ils iront, ils resteront tels au régiment.
Deux ans, oui ! c'est long, je ne te le cache
pas. C'est beaucoup pour cette gêne-là que

cette loi est conçue. *Leurs* dispositions ont toujours un singulier but : le plaisir, la commodité de quelques-uns ou le dommage, la ruine des autres. « L'intérêt général?...—Allons, ne disons pas entre nous de sottises. »

A la caserne, pendant ces mois-là, vous continuerez à travailler, autant que possible, et votre exemple de résistance et de réserve saine aura une utilité. « C'est un apostolat!... » Oui, mais il ne faudrait pas vous contraindre à celui-là. Je ne puis croire que ces obligations-là, qui pourraient être remplacées par d'autres, vous fassent trop chérir ceux qui en sont les enragés auteurs ?... Tu serais bien naïf, car tu peux être utile au pays, même en temps de tueries : tu nous soignerais, et tu n'as pas besoin pour cela de passer vingt-quatre mois dans l'édifiante « ambiance » de la pudique chambrée. Qu'on vous fasse plutôt travailler dix mois dans un hôpital militaire. Tu sais ço que c'est : tu as d'autres soins à suivre, tout en comprenant la nécessité de certains devoirs civiques.

On formera peut-être des régiments à part pour vous autres, les cléricaux, les moinillons, les abbés, les ensoutannés, les non-numérotés. C'est une idée qu'*ils* devraient avoir... Alors, sous le commandement de quelque vieux pilier de leurs « convents », *ils* trouveraient amusant de vous faire pivoter, de vous éprouver, de vous imposer quelque sale besogne ; ils vous feraient tirailler quelques religieuses ; cela donnerait du piquant à votre temps de service, cela serait bien israélite, et si vous hésitiez, on vous rappellerait les principes de la pleine obéissance, on vous ferait rougir de votre indépendance. Vous entreriez ensuite dans les ordres tout à fait soumis et vaillants. A quoi s'exposent nos malins et nos fourbes, ils vont améliorer leur ennemi !

Comme nous avons plusieurs fois discuté ces sujets-là ensemble, je me suis laissé entraîner. Puis, on ne peut pas parler de « ces histoires actuelles » en trois ou quatre mots. C'est notre avenir qui est en jeu, et nos amis et nos parents, qui prévoient cette perspective *égale* de venir vingt-quatre mois ici, trouvent cette loi moins utile et moins nécessaire que tous nos assoiffés de nivellement. Beaucoup de bons militaires l'ont combattue, beaucoup en ont signalé l'absurdité périlleuse. Est-ce que cela ne gêna que les fichus curés ? Mais chacun de nous, suivant sa profession, a besoin de son temps, *même* pour le bien du pays... Oh ! je ne recommence pas... Cela a été démontré par les vrais penseurs, par les VRAIS POLITIQUES, et ceux-là savaient aimer le bien général.

. . . .

Mon commandant, que j'estime beaucoup, est très... ennuyé : il a une fillette chez de braves sœurs, qui n'ont pas encore été chassées de chez elles, et il va falloir [ordre du nouveau général] qu'il la retire, s'il veut être sur le tableau d'avancement, qu'il la place, la pauvrette, au lycée de filles. Je crois que le commandant, bien qu'il ait droit et besoin de rester dans son état, gardera son enfant. Ses fils sont dans un lycée. Et la liberté, l'abbé, qu'est-ce qu'on en fait, toi qui la prêche ?... [Quels cris si un colonel *commandait* pour les petits l'école congréganiste !] Qu'arriverait-il pour moi si j'étais marié ? Qu'est-ce qui viendrait me protéger contre de semblables exigences ? Et, cher ami, je n'invente rien, le cas s'est présenté pour un collègue : *il a dû retirer*, ce pauvre homme, son fils de chez les frères.. Hein ? cela fait aimer le régime ! Tu pourras tout de même moins prier pour qu'il dure... Je ne dis pas cela à toi seulement.

En tout cas, outre notre parenté, souvenons-nous que nous sommes des combattants, tous deux, que nos devoirs sont semblables et que réciproquement nous n'avons qu'à nous inciter à bien faire, sans trop compter *sur l'aide du voisin.* A qui veut bien voir et travailler, la tâche ne manque pas. Je voudrais pouvoir te promettre d'aller te surprendre, mais ce n'est pas facile pour le moment ; je ne sais pas ce qu'on ne nous fait pas apprendre et enseigner, sous prétexte de simplifier l'instruction des recrues et d'occuper leurs *loisirs.*

Applique-toi à la bonne préparation des jeunes gens qui partiront cette année. Tu es renseigné par moi, tu peux leur être grandement utile. Si quelque chose te gêne, dis-le-moi, je te l'expliquerai sur cette matière-là ; tu pourras mieux armer, mieux prémunir nos recrues contre la bande...

Cette œuvre, à laquelle tu es tout dévoué, est grandement nécessaire. Ici, le prêtre devient l'ennemi ; il ne faut pas, paraît-il, que nos uniformes se mêlent : on punit le tourlourou qui se souvient qu'il est chrétien, qu'il doit obéir à sa religion, et qui ose se rappeler qu'il *doit un culte public* au Général des généraux. On fusillerait celui qui affirmerait trop ouvertement sa foi...Ah! il ne manquerait pas de saintes gens pour enseigner que « ce brave enfant avait été bien imprudent... » Est-ce qu'à toi aussi, citoyen vicaire, on t'impose une couardise sotte ?

Je veux quant à moi commettre une hardiesse surprenante : t'assurer de nouveau de mon plein et affectueux dévouement.

Je t'envie parfois, l'abbé. Tu es trop tranquille, plus que tu ne le dis... Ne te « gendarme » point ! Je connais ton cœur, je sais que tu partages tous mes sentiments et que tu as tes angoisses pour *ton* régiment. Mais, cher bon ami, le tien... ne peut se diminuer que pendant très peu de temps, et la suprême Victoire glorifiera toujours ton *Labarum*.

Bien sûr que notre garçon de la cantine, qui est *grand manitou*, me fera passer au conseil de guerre, si on lui communique ma lettre : la poste, pour lui, reste obéissante ! Tu diras alors...

. . . .

19 MARS 1903

LETTRES D'UN PETIT SOLDAT

SEPTIÈME LETTRE

A M. l'abbé Mathurin Durand, licencié en théologie, vicaire à Saint-Rémi-sur-Loire (Anjou).

II

Mon cher ami,

.   .   .   .

Je prends grand soin de te donner tes titres ; ils sont bien à toi, ce sont « tes brevets », ils témoignent de ton travail. Tes bons paroissiens connaissent que tu fus toujours un excellent *disciple*, et ils entendent répéter « à tes chefs » que ton esprit est cultivé, que tu es bourré de doctrine et que tu es resté honnête, et soumis.

Ton ministère n'en est que plus facile et ton action plus fortifiée.

-Va donc un peu de l'avant... pour Dieu, et pour nous aussi! Tu sais bien que tu ne tromperas personne et que ton courage sera de bonne foi. Aie pour deux liards de fierté : il est temps !...

Toute la paroisse t'en saura gré ; bien entendu, tu ne feras rien sans consulter ton docte et saint curé.

Il y pense bien, sans doute, à faire quelque chose, le digne homme, il veut même l'accomplir « ce quelque chose »..., eh bien ! ce sera toi qui réalisera ce projet trop retardé.

Ton initiative sera légitime, et opportune plus que jamais. Il ne faut pas que ce soit trop souvent les douteux et les traîtres qui se mettent toujours en avant. Leur audace a un côté enviable.

Est-ce que tu crois qu'ici je n'ai pas eu parfois à prendre une subite détermination, une résolution spéciale, à *agir*, à me montrer un digne aide vis-à-vis des officiers, vis-à-vis de mon capitaine ? Le règlement militaire prévoit tout, dit-on. Ce n'est pas exact. Il ne peut tout dire. Il est muet sur plus d'un cas, et j'ai lu souvent, moi, entre ces lignes, des prescriptions, qui étaient surtout imprimées au fond de mon cœur et de mon actif courage.

A la caserne, on nous a fait de belles conférences !... C'est à peine si ce sujet a été traité, ou il l'a été de travers. Sur quel fondement établirait-on notre influence ? Tous mes collègues, ou à peu près, qui sont déjà *initiés* aux mystères utiles de la religion *régnante*... ne comprennent qu'une chose, en fait d'obligations, vis-à-vis « du commandement » et vis-à-vis « des hommes » : « *En* faire le moins possible, c'est-à-dire passer à côté de la besogne délicate, et ne veiller à leurs soldats que juste ce qu'il faut pour n'être pas réprimandés eux-mêmes à leur occasion. »

Nous les ferions bien rire, si, nous deux, nous venions leur répéter sérieusement qu'ils ont d'autres devoirs, et que leur responsabilité est autrement et plus strictement engagée.

C'est cette tâche supérieure, qui sera plus ou moins bien remplie suivant l'éducation personnelle, — n'est-il pas vrai ? — qui rend notre rôle difficile et notre recrutement malaisé. Nous apprendra-t-on tout cela dans les futures écoles militaires, dans nos nouveaux séminaires? Nous en avons déjà parlé ensemble. Il est inutile d'y faire de nouveau allusion. Aussi bien, dans les assemblées de nos légiférants trop payés, le militaire, le sous-off... est à l'ordre du jour : vous, nous, curés, soldats, moines, recrues, sous-off, séminaristes, voilà les sujets qui absorbent le Parlement. Voilà la belle actualité !

Le pioupiou ou Thérèse, il n'y a que cela

d'intéressant. Et tout ce soin, et toute cette sol
citude, est-ce bien réel ? On peut distinguer
mettre à part déjà ceux qui ne veulent *plus*
nous. Ceux-là nous trouvent trop nombreu
ceux-là nous les gênons ; ils ne nous en veule
pas, ils ne nous veulent plus, c'est simple.

Les mêmes citoyens si patriotes ne vo
aiment guère, vous non plus, vous autres 1
enrôlés, vous autres les obéissants, et ils vo
le font sentir. Raison de plus pour nous cor
prendre et nous unir davantage. Ils *fondero*
le sabre et le goupillon, ces nigauds-là, ma
gré leur canaillerie, et le pays en sourira d'ais

Quels singuliers besogneurs !

. . . .

Chacun ici, autour de nous, exprime ce q
je t'écris, à sa manière. Est-ce que tu crois q
« le gros Proveau », qui nous aide à tenir pr
pre notre chambre, et même coquette, ne sa
rien, ne comprend rien. Mais il raisonne fo
justement, ce brave garçon ; il est du Main
il est rusé, ne parle que pour dire « son pe
sentiment » et ce n'est pas sottement pens
bien loin de là. Il est très sensible à ur
marque d'intérêt moral, et il sait très bie
murmurer doucement que « le régime actu
est un mauvais règne ». —

Ne tremble pas à distance, même si tu n'en as pas trop envie... Proveau est incapable de te dénoncer « à ton général Combes » — qui m'a l'air de vous passer l'inspection assez sévèrement. Il vous obligera demain à vous « changer de peau ». Comme c'est gracieux, et possible ! Et dire qu'il a été de votre arme, et dire qu'il a eu le même uniforme !! C'est déshonorant pour lui. Je suis certain que je ne pourrais jamais « *faire de la misère* » à des militaires : on n'oublie pas sa caserne et son drapeau, ni les camarades, aussi lâchement. Je sais bien qu'il avoue qu'il ne tape pas sur *tous* les prêtres. Oui ! mais tu sais aussi que ton tour viendra, et ce doit être bien aisé à prévoir, car Proveau l'a dit : il a dit : « Les *autres* curés n'ont qu'à ne pas rigoler, car ils n'y couperont pas... » Cela veut signifier que vous n'éviterez pas l'hécatombe.

Ce n'est point, en effet, aussi pour rire... que je te parle de ces inquiétudes ; tu connais mes précédentes lettres, à toi et à tous nos parents. Je ne veux pas augmenter vos angoisses, mais il serait naïf de dissimuler certaines intentions officielles, et je suis même surpris de trouver dans tes lettres, à toi, une sorte de *placidité voulue*. Je voudrais que tu songes plus exactement à la *nécessité* pour toute cette bande de vous gêner.... Plus de troupe d'élite ! Plus de vrais serviteurs ! Place aux libérés, aux révoltés ! Tu oublies donc qu'elle la hurle VOTRE haine, et depuis quelques jours elle ne se cache guère.

Tu lis cependant deux journaux ou trois. Et moi aussi, je lis plus encore que tu ne penses. Ils ne taisent pas l'évangile de tes ennemis. Tu sais bien ce qui se passe ! La robe noire, la robe blanche, la robe, la soutane, en un mot, les affolent... Aussi, tu peux bien le faire connaître à tous ce péril, qui vous menace, et qui nous atteint tous, — nous encore plus que d'autres, qui avons été élevés avec vous et formés un peu de la même façon intelligente et patriotique. Nous sentons plus vivement ce qu'on entreprend avec rage contre vous, contre nos camarades — car vous êtes nos meilleurs amis, et vous avez bien le droit d'être chez vous de libres citoyens !...

Personne ne peut voir, mieux que nous, que l'avenir est intentionnellement rendu difficile *contre* vos volontés et vos pieux projets. Et il faudrait que nous ne vous disions rien ?... Et il serait utile que vous ne disiez rien vous-mêmes... parce que vous auriez peut-être moins de pain et de beurre... Eh bien, et nous, est-ce qu'on ne nous rogne rien, est-ce qu'on ne nous vole rien, quand nous osons faire notre devoir?

Est-ce que tu crois que mille ennuis, mille injustices ne nous tombent pas sur le dos, grâce aux espions qui nous entourent, si de temps à autre nous prétendons dénoncer un abus, soutenir nos idées religieuses, suivre la loi que nos parents nous ont apprise, après les leurs : croire... à Dieu, défendre toute « son armée sainte » et révéler ainsi nos espérances d'une époque meilleure... Mais les Loges, mon cher ami, nous atteignent indirectement, canaillement ; elle nous entravent, nous ruinent, nous rejettent hors de nos chemins, hors de nos droits, pour favoriser *leurs* dévots, leurs soumis...

On nous supprime plus d'un *traitement* du... Nous parlerons toujours!!... Tu le vois bien, et tu sais, souvent, sans qu'on t'y pousse, imiter cette honorable conduite. On ne musèlera jamais de bons chiens vigilants comme nous!...

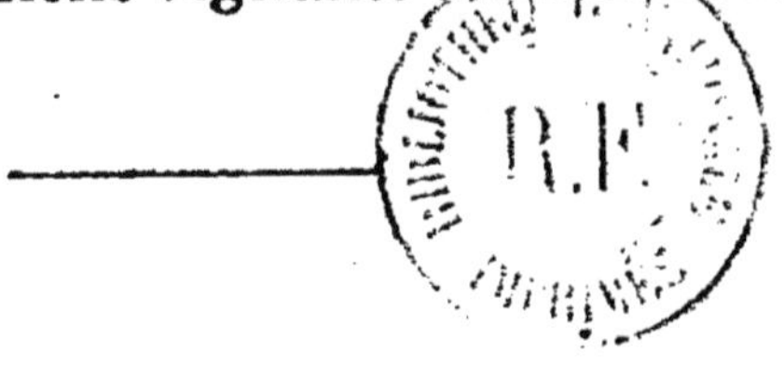

2 AVRIL 1903

LA PLUS INTELLIGENTE...

... Oui ! la plus intelligente, la plus adroite, la plus habile, la vraie rusée, le suprême diplomate, ce fut celle qui n'a pas fait appel à la ruse ou à la diplomatie, celle qui n'a pas employé d'habiletés, celle qui n'a pas recherché les savantes combinaisons et les faux-fuyants, les ententes, les alliances secrètes, les comédies voulues !

Oui, la meilleure et la plus digne, et par là même la seule triomphante, dans sa vertu et dans son héroïsme français, ce fut la petite-sœur, garde-malade des pauvres ! Condamnée, frappée... elle demeure, elle enseigne, elle domine !...

Qu'a-t-elle donc fait ? Qu'a-t-elle dit ? — Elle a continué... de faire ce qu'elle faisait de bien... et elle a dit de plus au juge qu'elle continuerait de le faire, ce bien, et *le Monsieur juge* n'en revenait pas. Pour se donner contenance, il se distrayait de la cause, prenait sur son siège des airs de vague indifférence, se plaignant lui-même d'avoir à écouter et à apprécier de telles *folies*...

« Les gens de justice ministérielle » eussent préféré certes une autre attitude ; on le sait. Ils eussent mieux aimé voir ces saintes filles adopter une ligne de conduite « plus habile », suivant eux, suivant l'évangile maçonnique et huguenot.

« Mes sœurs, croyez-nous. Mesdames, écoutez-nous : il y a encore moyen de s'entendre... Tout n'est pas cassé, rompu ! Quelle prespective ce serait !... Adoptez, adoptez vite une combinaison quelconque, une cote mal taillée, laissez-vous persuader de nos intentions. Nous ne sommes pas si diable !... On vous remettra... quelques subsides, on s'arrangera. On vous autorisera, bientôt, à respirer... à penser même à Dieu...

« Vous le voyez, il y a encore moyen de ne pas nous montrer au pays tels que nous sommes. N'écoutez pas ceux qui attendent de *vous votre* devoir... Ah ! bien, si tout le monde le fait, mais, Mesdames, nous sommes.... fichus, comme l'on dit dans le sanctuaire législatif. »

Et la petite-sœur garde-malade a répondu qu'elle continuerait simplement à faire le bien, et à le faire tel et autant qu'elle le faisait jusqu'ici, pour Dieu... et la France...

« Si vous croyez qu'ils sont drôles nos jours
prochains !... » On les entend donc s'accuser
entre eux, se quereller entre eux, nos bons
maîtres, nos respectables « porte-lois ». Ils sentent l'ère des difficultés vraies, qui s'ouvre devant leur lâcheté : « on va *nous voir* ! » — et ils
n'y tiennent pas à cette exhibition ; ils ne veulent pas que les chrétiens changent de méthode, ni de conseils.

« Ils étaient si dociles, si obéissants, ces
catholiques, ces bons payants ! On les contenait, on les dirigeait si facilement jusqu'ici, et
avec tant de profits pour notre bande : il nous
suffisait de mettre ce simple mot : *lod*, sur une
affiche, pour qu'ils crussent à la loi de cette
loi, à l'obligation qu'elle pouvait renfermer
pour eux.

« Maudits soient donc les réfractaires à nos
« malices » ; maudits soient les *francs*-français, qui sont parvenus à nous démasquer et à
proclamer la seule justice, la seule honnêteté,
le seul droit, tous ceux-là qui ont enseigné et
enseignent, et qui ont enfin démontré à plusieurs vaillants, quelques vérités, entre autres

celle-ci : que quiconque fait le bien, fait la charité aux pauvres souffrants, n'a... qu'à continuer, *même* sans toute la permission du désordré Combes et de ses employés.

On vous jugera — ce séra notre honneur !!

On vous condamnera — ce séra notre profit !!

On vous emprisonnera — nous l'espérons... et nous recommencerons... toujours !!...

Mais ?... — Mais c'est ainsi, parce que Dieu le veut ainsi.

En face de tels exemples, et sous l'action de ces raisonnements substantiels, il se créera un mouvement d'opinion que rien ne pourra arrêter, que les plus habiles ne détourneront pas. Oui ! la plus adroite, la plus experte a donc été l'humble servante des pauvres malheureux.

- « Il n'y a pas de loi, a-t-elle dit, qui me défende de continuer le bien. »

Pour expliquer sa tyrannie *le Monsieur juge* répond que : « là n'est pas la question ». — C'est cependant là toute l'affaire... Or, cette affaire, c'est la nôtre, celle des vrais chrétiens : on vient de nous enseigner comment on la soutient et comment on l'impose, victorieusement.

FIN